Expressplätzchen

AUTORIN: CHRISTINA KEMPE | FOTOS: MARTINA GÖRLACH

Praxistipps

4 Das richtige Handwerkszeug
5 Gut getauscht ist express gebacken
6 Kunterbunte Deko-Ideen
64 Plätzchen dekorativ anrichten und verschenken

Umschlagklappe hinten:
Unwiderstehliche Kaffeegetränke
Feine Kakao- und Teegetränke

Extra

Umschlagklappe vorne:
Die 10 GU-Erfolgstipps mit Gelinggarantie für extraschnellen Plätzchengenuss

60 Register
62 Impressum

Rezepte

8 Im 10-Minuten-Takt

9 Pinienkern-Biscotti
10 Peanut-Butter-Cookies
12 Kokos-Cookies
13 Crispy Cookies
13 Vanille-Mandel-Cookies
14 Mohnsnaps
14 Snickerdoodles
16 Zuckerrübensirupkekse
16 Kernige Dinkelplätzchen
18 Mandel-Grieß-Kekse
18 Cranberry-Sticks

20 Im 20-Minuten-Takt

21 Zarte Erdnussseufzer
22 Minikirsch-Crumbles
24 Karamellisierte Löffelbiskuit-Rondos
27 Rosmarin-Vanille-Taler
27 Tee-Knusperle
28 Haselnuss-Kaffee-Kringel
28 Nussknacker
30 Weiße Schoko-Mohn-Cookies
32 Marshmallow-Bars
32 Shortbread-Taler

34 Im 30-Minuten-Takt

35 Maronen-Macarons
36 Gedeckte Cheesecake-Würfel
38 Limettenecken
38 Schoko-Kokos-Minis
40 Karamell-Mandel-Blondies
42 Walnuss-Cookies
42 Rosinen-Apfel-Cookies
44 Süße Schnecken
46 Nuss-Mix-Jumbles
46 Zwetschgen-Krapferl

48 Im Xmas-Countdown

49 Nugatkipferl
50 Brownies – extraschokoladig
52 Lebkuchenbissen
53 Kandierte-Früchte-Ecken
53 Zimt-Pistazien-Rauten
55 Walnuss-Dattel-Stiche
56 Helle Bärentatzen
56 Haselnuss-Spekulatius
58 Zarte Butterplätzchen
58 Schokomakronen

Das richtige Handwerkszeug

Soll Tee- oder Kaffeegebäck besonders schnell auf den Tisch kommen, müssen nicht nur die Rezepte simpel sein, da braucht es auch noch ein paar flinke Küchenhelfer.

Die meisten der benötigten Geräte gehören zur Basis-Ausstattung und sind eigentlich in jedem Haushalt vorhanden. Dazu zählen Kochtöpfe, Pfannen, Messer, Löffel und Rührschüsseln (am besten aus Metall) in unterschiedlichen Größen. Ein Schneebesen, Backpinsel, Nudelholz und Teigschaber sowie eine lange Palette gehören ebenfalls dazu. Wer seine Kekse aber extrafix backen möchte, sollte seine Ausstattung noch mit folgendem Equipment ergänzen:

Blitzhacker

Kleinere Mengen an Nüssen oder Schokolade können zum Beispiel auch mit einem großen Messer rasch grob gehackt werden. Sollen die jeweiligen Zutaten jedoch feiner werden oder muss man größere Mengen verarbeiten, ist ein elektrischer Blitzhacker optimal. Und so geht's: Zutaten einfüllen, den Startknopf betätigen und alles im Handumdrehen auf den gewünschten Feinheitsgrad zerkleinern. Wer möchte, kann dann Mandeln, Walnüsse, Haselnüsse & Co. frisch mahlen – so ist das Aroma immer am intensivsten.

Handrührgerät und Küchenmaschine

Mit den Quirlen und Knethaken des elektrischen Handrührgeräts lassen sich im Nu Schaummassen schlagen oder Teige rühren. Doch dabei muss man das Gerät immer in der Hand halten. Erledigt dagegen eine Küchenmaschine diese Arbeit, kann man nebenbei zum Beispiel weitere Zutaten abmessen oder hacken und das Backen geht noch schneller.

Küchenwaage

Mit einer digitalen Küchenwaage mit Zumessfunktion geht das Abmessen von Zutaten besonders fix. Einfach die verwendete Rührschüssel (der Küchenmaschine) darauf »parken« und die Waage per Knopfdruck auf null stellen. Erste Zutat einfüllen und abwiegen, Waage wieder auf null stellen und die nächste Zutat abmessen, auf null stellen ... Dann alles zusammen zu einem Teig verrühren.

Backbleche und Backpapier

Am besten zu Beginn des Plätzchenbackens je nach Bedarf ein oder zwei Backbleche startklar machen, also mit Backpapier auslegen. Ist der Teig gerührt oder geknetet, kann man ihn auch schon gleich zu Plätzchen formen und aufs Blech geben. Wer umweltfreundlich arbeiten möchte, legt die Bleche statt mit Backpapierbögen mit rutschfesten Back-Arbeits-Matten aus silikonbeschichtetem Glasfibergewebe (hitzebeständig bis 250°) aus und schiebt die Kekse darauf in den Backofen. Von diesen Matten lässt sich das Gebäck sehr gut ablösen und man kann die Matten nach kurzem Säubern immer wieder neu verwenden – und sogar als Arbeitsunterlage einsetzen.

Express-Tipp

Damit das Plätzchenbacken auch wirklich schnell geht, vor dem Start nicht nur alle Zutaten des jeweiligen Rezepts direkt neben den Arbeitsplatz stellen, sondern auch unbedingt die benötigten Geräte in Reichweite platzieren.

Mehl und Zucker

Nüsse und Schokolade

Gewürze und Früchte

Gut getauscht ist express gebacken

Damit alle Plätzchen in diesem Buch wirklich ratzfatz in den Backofen kommen, muss man sich im Notfall nicht unbedingt an die angegebene Zutatenangabe im Rezept halten. Sollten also ein oder zwei Zutaten nicht im Vorrat oder schwer zu bekommen sein oder die Zeit für den Einkauf nicht ausreichen, ist schnelle »Erste Hilfe« angesagt – dann darf ausgewechselt werden. Hier ein paar Basis-Tauschideen, die Sie nach Gusto und eigener Fantasie ergänzen dürfen:

Mehl

Die Teige in diesem Buch werden hauptsächlich mit weißem Weizenmehl Type 405 zubereitet. Damit erzielt man die besten Backergebnisse. Wer mag, kann stattdessen auch Weizenmehl Type 550 oder helles Dinkelmehl Type 630 verwenden.

Zucker

Weißer (Haushalts-)Zucker ist Standard – je feiner die Korngröße, desto besser verbindet er sich mit dem Teig und desto besser schmilzt er. Weißen Zucker kann man jederzeit durch braunen Zucker oder (Roh-)Rohrzucker ersetzen.

Nüsse und Schokolade

Alle Nusssorten können gegeneinander ausgetauscht werden – also etwa Pekannüsse gegen Walnusskerne oder Mandeln, Haselnusskerne statt Macadamianüsse. Die Plätzchen gelingen immer, schmecken dann nur ein wenig anders. Das gilt auch für Schokolade: statt Zartbitter- mal Vollmilchschokolade unter den Teig rühren. Schokolade kann man durch Kuvertüre ersetzen.

Gewürze und Aromen

Hier gilt ebenfalls – einfach durch etwas Ähnliches ersetzen: Orangen- durch Zitronenschale, künstliches Vanillearoma durch echtes Vanillemark, Zwetschgengeist durch Zwetschgensaft. Sind Gewürze und Aromen von fester Konsistenz, beeinflusst das nur den Geschmack, nicht das Gelingen der Kekse, sie können weggelassen werden. Lässt man dagegen Flüssiges weg, wird der Teig fester.

Früchte

Auch Früchte können Sie nach Belieben ersetzen. Nehmen Sie anstatt Äpfel einmal Birnen, statt getrocknete Feigen mal getrocknete Aprikosen. Wichtig dabei ist, dass die Konsistenz vergleichbar ist.

Kunterbunte Deko-Ideen

Damit Express-Plätzchen nicht nur gut schmecken, sondern auch schön aussehen – hier ein paar Anregungen, wie man sie leicht verzieren kann.

Puderzucker oder Kakao pur Supereinfach und fast immer passend: Puderzucker oder Kakaopulver mit einem kleinen Sieb über die Kekse stäuben – je nach Geschmack ganz fein oder richtig dick. Wer möchte, kann dabei noch ein Muster aufbringen. Zum Beispiel aus Papier oder Karton ein Herz, einen Buchstaben oder dünne Streifen ausschneiden und vor dem Bestäuben auf das Gebäck legen, anschließend die Schablone vorsichtig abnehmen.

Leichter Puderzuckerguss Für ca. 40 Plätzchen 150 g Puderzucker je nach gewünschter Konsistenz mit 4–6 EL Flüssigkeit (z. B. Fruchtsäfte, Liköre, Aperol, Campari oder Espresso) in einer Schüssel glatt verrühren und den Guss mit einem Backpinsel gleichmäßig auf die Kekse streichen. Wenn man zusätzlich noch 1 TL geschmolzene Butter mit unter den Guss rührt, wird dieser »cremiger«.

Dicker Puderzuckerguss Für ca. 40 Plätzchen 100 g Puderzucker und 1 Eiweiß (M) mit den Quirlen des Handrührgeräts zu einem dicklichen Guss schlagen. Den Guss in einen kleinen Gefrierbeutel füllen und von einer Spitze eine winzige Ecke abschneiden. Die Plätzchen damit verzieren: z. B. in Linien darüberlaufen lassen oder Kringel, Herzen, Sterne oder Namen aufmalen. Nach Belieben bunten Dekorzucker, Liebesperlen oder etwas anderes aus dem Backregal daraufstreuen, trocknen lassen.

Geschmolzene Schokolade Schokolade oder Kuvertüre (nach Gusto Vollmilch, Zartbitter oder eine weiße Sorte nehmen) sehr fein hacken und in einer kleinen (Metall-)Schüssel über einem heißen Wasserbad sanft schmelzen lassen. Dann mit einem Backpinsel die Plätzchen damit überziehen oder in dünnen Linien über die Kekse laufen und trocknen lassen. Für ca. 40 Plätzchen und für eine Linien-Deko benötigen Sie 50 g und für den Überzug 100 g Schokolade oder Kuvertüre.

Liebesperlen, Krokant, Schokoraspel Auswahl gibt es hier reichlich – im Supermarkt sowie via Internet. Die Menge am besten immer nur nach Bedarf kaufen. Zum »Anbringen« die Plätzchen zuvor mit Puderzuckerguss oder geschmolzener Schokolade bestreichen oder verzieren und nach Wunsch bunte Zuckerkügelchen, fertigen Nusskrokant, fertige Schokoladenraspel oder etwas anderes daraufstreuen, dann trocknen lassen.

Schokospäne und -röllchen Von der glatten Rückseite eines Kuvertüre-Blocks (oder eventuell auch einer Tafel Schokolade) mit einer großen, stabilen Messerklinge feine Späne oder dünne Röllchen abziehen. Dazu die Klinge leicht schräg halten und gut an den Kuvertüre-Block andrücken. Die Plätzchen mit geschmolzener Schokolade bestreichen oder verzieren und die Schokospäne oder -röllchen daraufstreuen, dann trocknen lassen.

Im 10-Minuten-Takt

Die Stoppuhr läuft: eins, zwei, ... Und ehe man sich versieht, stehen frisch gebackene Plätzchen auf dem Tisch, denn schon nach rund 10 Minuten ist der Teig fertig. Dann muss man nur noch warten, bis die Kekse goldbraun aus dem Ofen kommen. Was einem wie eine Ewigkeit erscheinen kann, wenn man sich auf diese Biscotti freut.

Pinienkern-Biscotti

200 g weiche Butter
50 g Puderzucker
1 Prise Salz
1 TL gemahlene Bourbon-Vanille (siehe Tipp)
200 g Mehl
3 EL (Roh-)Rohrzucker
4–5 EL Pinienkerne (ca. 40 g)

Für ca. 30 Stück | 10 Min. Zubereitung
12 Min. Backen pro Blech
Pro Stück ca. 90 kcal, 1 g EW, 6 g F, 8 g KH

1 Den Backofen auf 180° (Umluft 160°) vorheizen. Zwei Backbleche mit Backpapier auslegen. Die Butter mit Puderzucker, Salz und gemahlener Vanille mit den Quirlen des Handrührgeräts cremig rühren. Dann das Mehl auf einmal dazugeben und unterrühren, bis kleine Teigbrösel entstehen.

2 Mit den Händen nach und nach einige Teigbrösel abnehmen und mit ausreichend Abstand als walnussgroße Häufchen auf die Bleche setzen. Die Teighäufchen mit dem Zucker bestreuen und mit dem Boden eines Glases leicht flach drücken. Die Pinienkerne daraufstreuen und die Plätzchen mit dem Glas auf ca. 1 cm Höhe flach drücken.

3 Die Bleche nacheinander in den Ofen (Mitte) schieben und die Plätzchen in ca. 12 Min. goldbraun backen. Biscotti herausnehmen und auf einem Kuchengitter auskühlen lassen.

AUSTAUSCH-TIPP

Wer möchte, kann statt der gemahlenen Bourbon-Vanille (die gibt es im Bioladen) auch das **Mark von 1 Vanilleschote oder Vanillezucker** verwenden.

echt crunchy

Peanut-Butter-Cookies

Unter den Cookies der Klassiker schlechthin – große buttrig-mürbe Plätzchen mit intensivem Erdnussgeschmack. Der Extrakick: Erdnussstückchen im Teig!

150 g Mehl
½ TL Backpulver
100 g weiche Butter
100 g Zucker
2 Prisen Salz
1 zimmerwarmes Ei (M)
100 g stückige Erdnussbutter (Crunchy Peanut Butter)

Für ca. 20 Stück | 10 Min. Zubereitung
15 Min. Backen pro Blech
Pro Stück ca. 120 kcal, 3 g EW, 7 g F, 11 g KH

1 Den Backofen auf 180° (Umluft 160°) vorheizen. Zwei Backbleche mit Backpapier auslegen. Das Mehl mit dem Backpulver vermischen.

2 Die Butter mit Zucker und Salz mit den Quirlen des Handrührgeräts kräftig verrühren. Das Ei und die Erdnussbutter dazugeben und alles cremig schlagen (Bild 1).

3 Dann die Mehlmischung auf einmal dazugeben und rasch unter die cremige Masse arbeiten. Nach und nach mit zwei Teelöffeln etwas Teig abnehmen und mit ausreichend Abstand als walnussgroße Häufchen auf die Backbleche setzen (Bild 2).

4 Die Bleche nacheinander in den Ofen (Mitte) schieben. Die Plätzchen 13–15 Min. backen, bis die Ränder goldbraun sind. Auf einem Kuchengitter auskühlen lassen.

TIPP – EXTRANUSSIG

Wer den Cookies mehr Erdnussgeschmack geben möchte, mischt zusätzlich 100 g grob gehackte, geröstete Erdnusskerne (nach Belieben gesalzen oder ungesalzen) unter den Teig. Oder streut die gehackten Kerne auf die Teighäufchen auf dem Blech, dann die Häufchen vorher etwas flach drücken.

VARIANTE – CHOCOLATE-CHIPS-COOKIES

Für ca. 20 Stück 100 g weiche Butter, 50 g Zucker und 1 Prise Salz mit den Quirlen des Handrührgeräts kräftig verrühren. 1 zimmerwarmes Ei (M) und 100 g Nussnugatcreme (z. B. Nutella) dazugeben und alles cremig schlagen. 150 g Mehl mit ½ TL Backpulver vermischen, zur Buttermasse geben und rasch unterarbeiten. Zum Schluss 100 g Schokotröpfchen unter den Teig mengen. Dann, wie links beschrieben, den Teig als kleine Häufchen auf die Backbleche setzen und im 180° heißen Ofen (Mitte, Umluft 160°) ca. 13 Min. backen.

VARIANTE – KARAMELL-COOKIES

Für ca. 20 Stück 80 g weiche Butter, 50 g (Roh-)Rohrzucker und 1 Prise Salz mit den Quirlen des Handrührgeräts kräftig verrühren. 1 zimmerwarmes Ei (M) und 100 ml Karamellsauce (Fertigprodukt) dazugeben und alles cremig schlagen. 150 g Dinkelmehl (Type 630) mit ½ TL Backpulver vermischen, zur Buttermasse geben und rasch unterarbeiten. Dann den Teig, wie links beschrieben, als kleine Häufchen auf die Backbleche setzen und im 180° heißen Ofen (Mitte, Umluft 160°) 14–15 Min. backen.

1

2

3

herrlich mürbe

Kokos-Cookies

Während des Backens verbinden sich die Kokosraspel aufs Feinste mit dem cremigen Rührteig – so entstehen einzigartig aromatische Cookies.

100 g Mehl
½ TL Backpulver
100 g Kokosraspel
100 g weiche Butter
100 g Zucker | 1 Prise Salz
1 zimmerwarmes Ei (M)
Puderzucker zum Bestäuben (nach Belieben)

Für ca. 20 Stück | 10 Min. Zubereitung
15 Min. Backen pro Blech
Pro Stück ca. 110 kcal, 1 g EW, 8 g F, 9 g KH

1 Den Backofen auf 180° (Umluft 160°) vorheizen. Zwei Backbleche mit Backpapier auslegen. Das Mehl mit Backpulver und Kokosraspeln vermischen.

2 Die Butter mit Zucker und Salz mit den Quirlen des Handrührgeräts kräftig verrühren. Das Ei dazugeben und alles cremig schlagen.

3 Dann die Mehlmischung auf einmal dazugeben und rasch unter die cremige Masse arbeiten. Nach und nach mit zwei Teelöffeln etwas Teig abnehmen und mit ausreichend Abstand als walnussgroße Häufchen auf die Backbleche setzen.

4 Die Backbleche nacheinander in den Backofen (Mitte) schieben und die Plätzchen in 13–15 Min. goldbraun backen. Die Cookies auf einem Kuchengitter auskühlen lassen. Eventuell mit Puderzucker bestäuben.

TIPP – KOKOS-COOKIES MIT ASIA-TOUCH

Dafür 1–2 Stangen Zitronengras waschen und putzen, die dünnen Teile abschneiden und wegwerfen. Mit einem Stößel die dicken Teile der Stangen anquetschen, diese sehr fein hacken und unter den Teig mischen.

ungewöhnlich

Crispy Cookies

150 g Mehl | ½ TL Backpulver | 1 TL Kakaopulver | 4 EL Schokoladenraspel | 100 g weiche Butter | 80 g Zucker | 1 Prise Salz | 1 zimmerwarmes Ei (M) | 20 g Vollkorn-Haferfleks (Supermarkt) | 50 g Haselnusskrokant

Für ca. 20 Stück | 10 Min. Zubereitung
13 Min. Backen pro Blech
Pro Stück ca. 110 kcal, 2 g EW, 6 g F, 13 g KH

1 Ofen auf 180° (Umluft 160°) vorheizen. Zwei Bleche mit Backpapier auslegen. Mehl mit Back- und Kakaopulver sowie Schokoraspeln vermischen.

2 Butter, Zucker und Salz mit dem Handrührgerät verrühren. Ei dazugeben und alles cremig schlagen, dann die Mehlmischung rasch unterarbeiten. Den Teig, wie auf Seite 12 beschrieben, als Häufchen auf die Bleche setzen und etwas flach streichen. Fleks und Krokant daraufstreuen und eindrücken. Die Plätzchen im Ofen (Mitte) in ca. 13 Min. goldbraun backen. Auf einem Kuchengitter auskühlen lassen.

aromastark

Vanille-Mandel-Cookies

50 g Mehl | ½ TL Backpulver | 150 g gehäutete gemahlene Mandeln | 100 g weiche Butter | 80 g Zucker | 1 Pck. Bourbon-Vanillezucker | 1 Pck. Bourbon-Vanillearoma | 1 Prise Salz | 1 zimmerwarmes Ei (M) | 100 g Mandelstifte

Für ca. 20 Stück | 10 Min. Zubereitung
15 Min. Backen pro Blech
Pro Stück ca. 140 kcal, 3 g EW, 11 g F, 7 g KH

1 Backofen auf 180° (Umluft 160°) vorheizen. Zwei Backbleche mit Backpapier auslegen. Mehl mit Backpulver und gemahlenen Mandeln vermischen.

2 Butter, Zucker, Vanillezucker, Vanillearoma und Salz mit dem Handrührgerät verrühren. Ei dazugeben und alles cremig schlagen, dann die Mehlmischung und Mandelstifte rasch unterarbeiten. Den Teig, wie auf Seite 12 beschrieben, als Häufchen auf die Bleche setzen. Die Plätzchen im Ofen (Mitte) in 13–15 Min. goldbraun backen. Auf einem Kuchengitter auskühlen lassen.

perfekt zum Tee

Mohnsnaps

150 g Mehl
1 TL Backpulver
50 ml Öl (z. B. Nussöl, Maiskeimöl oder Olivenöl)
80 g Zucker
1 Prise Salz
1 zimmerwarmes Ei (M)
250 g backfertige Mohnmischung
½ Pck. Orangenschalen-Aroma (Fertigprodukt; Backaroma)

Für ca. 30 Stück | 10 Min. Zubereitung
12 Min. Backen pro Blech
Pro Stück ca. 70 kcal, 1 g EW, 3 g F, 9 g KH

1 Den Backofen auf 180° (Umluft 160°) vorheizen. Zwei Backbleche mit Backpapier auslegen. Das Mehl mit dem Backpulver vermischen.

2 Das Öl mit 50 g Zucker und Salz mit den Quirlen des Handrührgeräts kräftig verrühren. Ei und Mohnmischung dazugeben und alles cremig schlagen.

3 Dann die Mehlmischung auf einmal dazugeben und rasch unter die cremige Masse arbeiten. Nach und nach mit zwei Teelöffeln etwas Teig abnehmen und mit ausreichend Abstand als walnussgroße Häufchen auf die Backbleche setzen.

4 Übrigen Zucker und Orangenschalen-Aroma vermischen und den Orangenzucker auf die Teighäufchen streuen. Mit dem Boden eines Glases auf ca. 1 cm Höhe flach drücken.

5 Die Bleche nacheinander in den Ofen (Mitte) schieben, die Plätzchen in ca. 12 Min. goldbraun backen. Auf einem Kuchengitter auskühlen lassen.

der Zimt macht's

Snickerdoodles

200 g Mehl
1 TL Backpulver
2 TL Zimtpulver
200 g Zucker
150 g weiche Butter
2 Prisen Salz
1 zimmerwarmes Ei (M)
1 EL Rum (ersatzweise Wasser)

Für ca. 30 Stück | 10 Min. Zubereitung
13 Min. Backen pro Blech
Pro Stück ca. 90 kcal, 1 g EW, 4 g F, 11 g KH

1 Den Backofen auf 180° (Umluft 160°) vorheizen. Zwei Backbleche mit Backpapier auslegen. Das Mehl mit Backpulver und 1 TL Zimtpulver vermischen. Übriges Zimtpulver mit 50 g Zucker mischen.

2 Die Butter mit dem restlichen Zucker und dem Salz mit den Quirlen des Handrührgeräts kräftig verrühren. Das Ei und den Rum dazugeben und alles cremig schlagen.

3 Dann die Mehlmischung auf einmal dazugeben und rasch unter die cremige Masse arbeiten. Nach und nach mit den Händen etwas Teig abnehmen und zu Kugeln (ca. 2,5 cm Ø) formen. Die Kugeln im Zimtzucker wälzen und mit ausreichend Abstand auf die Backbleche setzen, dann mit dem Boden eines Glases auf ca. 1 cm Höhe flach drücken. Mit übrigem Zimtzucker bestreuen.

4 Die Bleche nacheinander in den Ofen (Mitte) schieben und die Plätzchen in ca. 13 Min. goldbraun backen. Auf einem Kuchengitter auskühlen lassen.

links: Snickerdoodles | rechts: Mohnsnaps

zum Stippen gut

Zuckerrübensirupkekse

150 g Mehl
½ TL Backpulver
1 TL gemahlener Ingwer
80 g weiche Butter
50 g Zucker | 1 Prise Salz
1 zimmerwarmes Ei (M)
50 g Zuckerrübensirup

Für ca. 25 Stück | 10 Min. Zubereitung
12 Min. Backen pro Blech
Pro Stück ca. 60 kcal, 1 g EW, 3 g F, 8 g KH

1 Den Backofen auf 180° (Umluft 160°) vorheizen. Zwei Backbleche mit Backpapier auslegen. Mehl mit Backpulver und gemahlenem Ingwer mischen.

2 Butter mit Zucker und Salz mit den Quirlen des Handrührgeräts kräftig verrühren. Ei und Zuckerrübensirup dazugeben und alles cremig schlagen.

3 Dann die Mehlmischung auf einmal dazugeben und rasch unter die cremige Masse arbeiten. Nach und nach mit zwei Teelöffeln etwas Teig abnehmen und mit ausreichend Abstand als knapp walnussgroße Häufchen auf die Backbleche setzen.

4 Die Bleche nacheinander in den Ofen (Mitte) schieben und die Plätzchen in ca. 12 Min. goldbraun backen. Auf einem Kuchengitter auskühlen lassen.

VARIANTE – MIT ZUCKER ODER NÜSSEN

Teighäufchen vor dem Backen zuerst mit einem Löffel oder den Fingern etwas glatt, dann mit dem Boden eines Glases flach drücken, dünn mit Milch bepinseln und mit 3–4 EL (Roh-)Rohrzucker oder ca. 50 g Mandelblättchen oder gehackten Haselnüssen bestreuen.

für jeden Tag

Kernige Dinkelplätzchen

50 g Dinkelmehl (Type 630)
½ TL Backpulver
100 g kernige Haferflocken | 50 g Rosinen
2 EL Sonnenblumenkerne
100 g weiche Butter
100 g (Roh-)Rohrzucker | 1 Prise Salz
1 zimmerwarmes Ei (M)

Für ca. 25 Stück | 10 Min. Zubereitung
13 Min. Backen pro Blech
Pro Stück ca. 80 kcal, 1 g EW, 4 g F, 9 g KH

1 Den Backofen auf 180° (Umluft 160°) vorheizen. Zwei Backbleche mit Backpapier auslegen. Das Mehl mit Backpulver, Haferflocken, Rosinen und Sonnenblumenkernen vermischen.

2 Die Butter mit Zucker und Salz mit den Quirlen des Handrührgeräts kräftig verrühren. Das Ei dazugeben und alles cremig schlagen.

3 Dann die Mehlmischung auf einmal dazugeben und rasch unter die cremige Masse arbeiten. Nach und nach mit zwei Teelöffeln etwas Teig abnehmen und mit ausreichend Abstand als walnussgroße Häufchen auf die Backbleche setzen.

4 Die Bleche nacheinander in den Ofen (Mitte) schieben und die Plätzchen in ca. 13 Min. goldbraun backen. Auf einem Kuchengitter auskühlen lassen.

TIPPS

Für ein noch feineres Aroma die Haferflocken und Sonnenblumenkerne vor dem Mischen in der Pfanne anrösten. Statt der Rosinen klein gewürfelte getrocknete Cranberrys, Aprikosen, Sauerkirschen oder Ananas nehmen.

unten: Kernige Dinkelplätzchen | oben: Zuckerrübensirupkekse

fein kombiniert

Mandel-Grieß-Kekse

100 g Mehl
½ TL Backpulver
100 g Weichweizengrieß
50 g Mandelstifte
100 g weiche Butter | 100 g Zucker
1 Pck. Orangenschalen-Aroma (Fertigprodukt; Backaroma)
1 Prise Salz
1 zimmerwarmes Ei (M)
Puderzucker zum Bestäuben (nach Belieben)

Für ca. 25 Stück | 10 Min. Zubereitung
12 Min. Backen pro Blech
Pro Stück ca. 90 kcal, 2 g EW, 5 g F, 10 g KH

1 Den Backofen auf 180° (Umluft 160°) vorheizen. Zwei Backbleche mit Backpapier auslegen. Das Mehl mit dem Backpulver, Grieß und den Mandelstiften vermischen.

2 Die Butter mit Zucker, Orangenschalen-Aroma und Salz in einer Rührschüssel mit den Quirlen des Handrührgeräts kräftig verrühren. Das Ei dazugeben und alles cremig schlagen.

3 Dann die Mehlmischung auf einmal dazugeben und rasch unter die cremige Masse arbeiten. Nach und nach mit zwei Teelöffeln etwas Teig abnehmen und mit ausreichend Abstand als walnussgroße Häufchen auf die Backbleche setzen.

4 Die Backbleche nacheinander in den Backofen (Mitte) schieben und die Plätzchen in 10–12 Min. goldbraun backen. Die Mandel-Grieß-Kekse auf einem Kuchengitter auskühlen lassen. Eventuell mit Puderzucker bestäuben.

fruchtig

Cranberry-Sticks

150 g weiche Butter
80 g Zucker
2 Pck. Bourbon-Vanillezucker
1 Prise Salz
200 g Mehl
100 g getrocknete Cranberrys

Für ca. 25 Stück | 10 Min. Zubereitung
14 Min. Backen pro Blech
Pro Stück ca. 100 kcal, 1 g EW, 5 g F, 13 g KH

1 Den Backofen auf 180° (Umluft 160°) vorheizen. Zwei Backbleche mit Backpapier auslegen.

2 Die Butter mit Zucker, Vanillezucker und Salz in einer Rührschüssel mit den Quirlen des Handrührgeräts cremig rühren. Dann das Mehl und die Cranberrys auf einmal dazugeben und unterrühren, bis kleine Teigbrösel entstehen.

3 Mit den Händen nach und nach einige Teigbrösel abnehmen und mit ausreichend Abstand auf den Blechen zu schmalen Stangen (ca. 10 cm lang und 1–1,5 cm breit) zusammendrücken.

4 Die Bleche nacheinander in den Ofen (Mitte) schieben und die Plätzchen in 12–14 Min. goldbraun backen. Auf einem Kuchengitter auskühlen lassen.

TIPP

Wer möchte, kann die Cranberrys, bevor sie unter den Teig gemischt werden, etwas kleiner hacken. Und wer die Ränder der Sticks möglichst gerade haben möchte, drückt sie nach etwa der Hälfte der Backzeit mit einem Messer in Form.

links: Mandel-Grieß-Kekse | rechts: Cranberry-Sticks

Im 20-Minuten-Takt

Und weiter geht's: drei, vier, ... Diesmal läuft die Stoppuhr ein wenig gemächlicher. Bis der Teig formschön auf dem Blech sitzt, braucht es rund 20 Minuten. Danach folgt dann nur noch die Backzeit, während der man sich auf das knusprige Ergebnis freuen darf – etwa auf wunderbar zarte und mürbe Erdnussseufzer.

Zarte Erdnussseufzer

100 g geröstete, gesalzene Erdnüsse
150 g Mehl
100 g weiche Butter
50 g stückige oder cremige Erdnussbutter
50 g Zucker
2–3 Pck. Vanillezucker
geröstete, gesalzene Erdnüsse für die Deko

Für ca. 40 Stück | 20 Min. Zubereitung
20 Min. Backen pro Blech
Pro Stück ca. 60 kcal, 1 g EW, 4 g F, 5 g KH

1 Den Backofen auf 150° (Umluft 130°) vorheizen. Zwei Backbleche mit Backpapier auslegen. Die Erdnüsse im Blitzhacker fein mahlen und mit dem Mehl vermischen.

2 Die Butter mit Erdnussbutter und Zucker mit den Quirlen des Handrührgeräts cremig rühren. Die Mehlmischung auf einmal dazugeben und rasch unter die cremige Masse arbeiten.

3 Nach und nach mit den Händen etwas Teig abnehmen und zu Kugeln (ca. 2 cm Ø) formen. Die Kugeln auf die Backbleche setzen. Die Bleche nacheinander in den Ofen (Mitte) schieben und die Plätzchen in ca. 20 Min. hell backen.

4 Die Plätzchen ganz kurz abkühlen lassen, dann nacheinander sofort vorsichtig in dem Vanillezucker wälzen. Für die Deko in jedes Plätzchen ebenfalls vorsichtig je 1 Erdnusskernhälfte eindrücken. Auf einem Kuchengitter auskühlen lassen.

saftig und knusprig zugleich

Minikirsch-Crumbles

Vom großen Bruder abgeschaut: Kleine Teigstreusel werden mit Früchten kombiniert, im Ofen goldbraun gebacken und dann am besten noch leicht lauwarm aufgetischt.

ca. 30 Oblaten (40 mm Ø)
150 g TK-Sauerkirschen
2 Pck. Vanillezucker
80 g Butter
100 g Mehl
50 g gehäutete gemahlene Mandeln
50 g Zucker | 2 Prisen Zimtpulver
Puderzucker zum Bestäuben (nach Belieben)

Für ca. 30 Stück
15 Min. Zubereitung | 15 Min. Backen
Pro Stück ca. 50 kcal, 1 g EW, 3 g F, 6 g KH

1 Den Backofen auf 180° (Umluft 160°) vorheizen. Ein Backblech mit Backpapier auslegen, die Oblaten nebeneinander darauf verteilen.

2 Die gefrorenen Kirschen grob hacken und mit 1 Pck. Vanillezucker mischen. Die Butter in einem kleinen Topf bei kleiner Hitze schmelzen, dann etwas abkühlen lassen.

3 Das Mehl mit Mandeln, Zucker, übrigem Vanillezucker und dem Zimtpulver vermischen. Die Butter nach und nach mit einer Gabel unter Rühren in einem dünnen Strahl einlaufen lassen und alles zu kleinen Streuseln verarbeiten. Die Kirschen schnell und vorsichtig unter die Streusel mischen, damit diese sich nicht zu sehr verfärben (Bild 1).

4 Nach und nach mit den Händen etwas Streuselmischung in kleinen Häufchen auf den Oblaten verteilen und leicht andrücken (Bild 2).

5 Das Backlech in den Backofen (Mitte) schieben und die Plätzchen in ca. 15 Min. goldbraun backen. Auf dem Blech auskühlen lassen. Die Kirsch-Crumbles nach Belieben mit Puderzucker bestäuben und frisch essen, dann sind sie noch schön knusprig.

VARIANTE – APFEL-MARZIPAN-CRUMBLES

Für ca. 30 Stück 1 kleinen süßsauren Apfel (ca. 150 g) schälen, vierteln, entkernen, klein würfeln und mit 1 EL frisch gepresstem Zitronensaft vermischen. 50 g Marzipanrohmasse ebenfalls klein würfeln und unter die Apfelwürfel mengen. Die Teigstreusel, wie links beschrieben, zubereiten, Apfel und Marzipan schnell und vorsichtig unter die Streusel mischen. Die Streuselmischung auf ca. 30 Oblaten (40 mm Ø) verteilen und leicht andrücken. Die Plätzchen im 180° heißen Ofen (Mitte, Umluft 160°) ca. 15 Min. backen. Auf dem Blech auskühlen lassen.

VARIANTE – MIT GELEE

Für ca. 20 Stück die Teigstreusel, wie links beschrieben, zubereiten, auf ca. 20 Oblaten (40 mm Ø) verteilen und leicht andrücken. Mit dem Ende eines Kochlöffelstiels in die Mitte der Teighäufchen vorsichtig eine kleine Mulde drücken. In jede Mulde 1 kleinen Klecks Johannisbeer-, Quitten-, Kirsch-, Erdbeer- oder Himbeergelee füllen. Die Plätzchen im 180° heißen Ofen (Mitte, Umluft 160°) ca. 15 Min. backen. Auf dem Blech auskühlen lassen.

1

2

3

luftig & knusprig

Karamellisierte Löffelbiskuit-Rondos

Nach dem Motto »doppelt hält besser« werden bereits gebackene Biskuits zerkleinert, unter den Teig gemischt und dann noch mal in den Ofen geschoben. Lecker!

50 g Löffelbiskuits
80 g weiche Butter
50 g Zucker
1 Prise Salz
1 zimmerwarmes Eigelb (M)
50 g Mehl
Puderzucker zum Bestäuben

Für ca. 20 Stück
15 Min. Zubereitung | 13 Min. Backen
Pro Stück ca. 60 kcal, 1 g EW, 4 g F, 7 g KH

1 Den Backofen auf 180° (Umluft 160°) vorheizen. Ein Backblech mit Backpapier auslegen. Die Löffelbiskuits in einen Gefrierbeutel geben, dann den Beutel gut verschließen. Anschließend die Löffelbiskuits mit einem Nudelholz grob zerbröseln.

2 Die Butter mit Zucker und Salz in eine Rührschüssel geben, anschließend mit den Quirlen des Handrührgeräts kräftig verrühren. Das Eigelb dazugeben und alles cremig schlagen.

3 Dann das Mehl auf einmal dazugeben und rasch unter die cremige Masse arbeiten. Die Biskuitbrösel dazugeben und unter den Teig mengen.

4 Nach und nach mit zwei Teelöffeln etwas Teig abnehmen und mit ausreichend Abstand als walnussgroße Häufchen auf das Backblech setzen.

5 Das Backblech in den Backofen (Mitte) schieben und die Plätzchen ca. 10 Min. backen. Dann den Backofengrill dazuschalten. Das Backblech aus dem Ofen nehmen und die Plätzchen mit etwas Puderzucker bestäuben.

6 Das Blech wieder in den Ofen (oben) schieben und den Zucker in 1–3 Min. karamellisieren lassen (Achtung, das kann sehr schnell gehen, also immer dabeibleiben!). Die Rondos auf dem Backblech auskühlen lassen und anschließend mit Puderzucker bestäuben.

VARIANTE – PUMPERNICKEL-RONDOS

Für ca. 20 Stück 100 g Pumpernickel fein hacken. 80 g weiche Butter mit 50 g Zucker und 1 Prise Salz mit den Quirlen des Handrührgeräts kräftig verrühren. 1 zimmerwarmes Eigelb (M) dazugeben und alles cremig schlagen. Dann 50 g Mehl und den gehackten Pumpernickel auf einmal dazugeben und rasch unter die cremige Masse arbeiten. Nach und nach mit zwei Teelöffeln etwas Teig abnehmen und mit ausreichend Abstand als knapp walnussgroße Häufchen auf das Blech setzen. Im 180° heißen Backofen (Mitte, Umluft 160°) ca. 15 Min. backen. Auf dem Blech auskühlen lassen.

einmal probiert, für immer verführt

Rosmarin-Vanille-Taler

2–3 EL Rosmarinnadeln
150 g Zucker
1 Pck. Vanillezucker
200 g Mehl
1 TL Backpulver
150 g weiche Butter
2 Prisen Salz
1 zimmerwarmes Ei (M)
Mark von 1 Vanilleschote
1 EL Orangenlikör (ersatzweise Wasser)

Für ca. 30 Stück | 20 Min. Zubereitung
13 Min. Backen pro Blech
Pro Stück ca. 85 kcal, 1 g EW, 4 g F, 10 g KH

1 Den Backofen auf 180° (Umluft 160°) vorheizen. Zwei Backbleche mit Backpapier auslegen. Den Rosmarin fein hacken, mit 50 g Zucker und Vanillezucker in einen Mörser geben und kurz zerreiben. Das Mehl mit dem Backpulver vermischen.

2 Butter, übrigen Zucker und Salz mit den Quirlen des Handrührgeräts kräftig verrühren. Ei, Vanillemark und Likör zugeben und alles cremig schlagen.

3 Dann die Mehlmischung auf einmal dazugeben und rasch unter die cremige Masse arbeiten. Nach und nach mit den Händen etwas Teig abnehmen und zu Kugeln (ca. 2,5 cm Ø) formen. Die Kugeln im Rosmarinzucker wälzen, mit ausreichend Abstand auf die Backbleche setzen und mit dem Boden eines Glases auf ca. 1 cm Höhe flach drücken.

4 Die Bleche nacheinander in den Ofen (Mitte) schieben und die Plätzchen in 12–13 Min. goldbraun backen. Auf einem Kuchengitter auskühlen lassen.

it's tea-time

Tee-Knusperle

50 g Butter
2 gehäufte TL schwarze Teeblätter (z. B. Earl Grey) | 50 g Mehl
2 EL gehäutete gemahlene Mandeln
100 g Puderzucker | 1 Prise Salz
2 Eiweiß (M)

Für ca. 50 Stück
20 Min. Zubereitung | 14 Min. Backen
Pro Stück ca. 20 kcal, 0 g EW, 1 g F, 3 g KH

1 Den Backofen auf 180° (Umluft 160°) vorheizen. Ein Backblech mit Backpapier auslegen. Butter in einem Topf bei kleiner Hitze schmelzen, dann etwas abkühlen lassen. Teeblätter in einem Mörser fein zerreiben und mit Mehl und Mandeln vermischen.

2 Butter, Mehlmischung, Puderzucker, Salz und die Eiweiße mit den Quirlen des Handrührgeräts verrühren. Den Teig mit einem breiten Backpinsel gleichmäßig und dünn auf das Backblech streichen (ca. 32 x 38 cm). Das Blech in den Ofen (Mitte) schieben und die Teigplatte ca. 12 Min. backen.

3 Blech herausnehmen, das Gebäck mit einer Palette vorsichtig vom Papier lösen und in Rechtecke (z. B. 4 x 5 cm) schneiden. Wieder in den Ofen schieben und weitere 1–2 Min. backen. Auf dem Blech auskühlen lassen. Oder das Gebäck ganz backen und nach dem Abkühlen in Stücke brechen.

GUT ZU WISSEN

Unbedingt darauf achten, dass das Backblech einen geraden Boden hat! Ist dieser gewölbt, läuft der Teig in der Mitte zusammen, ist nicht mehr gleichmäßig dünn und bäckt unterschiedlich.

links: Tee-Knusperle | rechts: Rosmarin-Vanille-Taler

für jeden Tag

Haselnuss-Kaffee-Kringel

2 EL Kaffeebohnen
100 g Haselnusskerne
100 g Mehl
100 g Zucker
1 Prise Salz
1 Eigelb (M)
100 g kalte Butter

Für ca. 25 Stück | 20 Min. Zubereitung
12 Min. Backen pro Blech
Pro Stück ca. 90 kcal, 1 g EW, 6 g F, 7 g KH

1 Den Backofen auf 180° (Umluft 160°) vorheizen. Zwei Backbleche mit Backpapier auslegen. Kaffeebohnen und Haselnusskerne im Blitzhacker nicht zu fein zerkleinern. Beides mit Mehl, Zucker und Salz mischen und auf die Arbeitsfläche häufen. In die Mitte eine Mulde drücken und das Eigelb hineingeben, am Rand die Butter in Flöckchen verteilen. Alles mit einer Palette gut durchhacken, dann rasch zu einem Mürbeteig verkneten.

2 Den Teig zu ca. 3 cm dicke Rollen formen und in ca. 2 cm lange Stücke schneiden. Die Teigstücke zu etwa 12 cm lange Würste rollen und an den Enden spitz zulaufen lassen. Diese auf dem Blech zu einem Kringel biegen, dabei die Enden etwas übereinanderlegen und leicht zusammendrücken.

3 Die Bleche nacheinander in den Ofen (Mitte) schieben und die Plätzchen in ca. 12 Min. goldbraun backen. Auf einem Kuchengitter auskühlen lassen. Die Kringel nach Belieben mit Schokolinien dekorieren (siehe Seite 7).

schmecken ganz frisch am besten

Nussknacker

100 g Butter
50 g weiße Schokolade
100 g Mehl
1/4 TL Backpulver
150 g gemischte Nüsse (z. B. Mandeln, Haselnuss-, Walnuss- oder Cashewnusskerne)
1 zimmerwarmes Ei (M)
150 g Zucker
1 Prise Salz

Für ca. 40 Stück | 20 Min. Zubereitung
15 Min. Backen pro Blech
Pro Stück ca. 75 kcal, 1 g EW, 5 g F, 7 g KH

1 Den Backofen auf 180° (Umluft 160°) vorheizen. Ein Backblech mit Backpapier auslegen. Butter und Schokolade in einem kleinen Topf bei kleiner Hitze schmelzen, dann in eine Schüssel geben und kurz abkühlen lassen. Mehl und Backpulver vermischen. Die Nüsse grob hacken.

2 Ei, Zucker und Salz mit einem Kochlöffel unter die Buttermischung rühren, dann die Mehlmischung unterrühren. Den Teig gut 1 cm dick auf das Backblech streichen (ca. 25 x 25 cm), die Nüsse daraufstreuen und leicht in den Teig drücken. Das Backblech in den Backofen (Mitte) schieben und die Teigplatte 12–15 Min. backen.

3 Das Blech aus dem Ofen nehmen. Das Gebäck auf dem Blech auskühlen lassen, dann in beliebig große Rechtecke (z. B. 3 x 5 cm) schneiden.

unten: Nussknacker | oben: Haselnuss-Kaffee-Kringel

machen Lust auf mehr

Weiße Schoko-Mohn-Cookies

Cookies gibt es in unterschiedlichen Variationen und meistens kann ihnen keiner widerstehen, vor allem, wenn Schokolade und Mohn für viel Aroma sorgen.

100 g weiße Schokolade
100 g Mehl
50 g ganze Mohnsamen
½ TL Backpulver
100 g weiche Butter
100 g Zucker
1 Prise Salz
1 zimmerwarmes Ei (M)

Für ca. 25 Stück | 20 Min. Zubereitung
11 Min. Backen pro Blech
Pro Stück ca. 90 kcal, 1 g EW, 6 g F, 10 g KH

1 Den Backofen auf 180° (Umluft 160°) vorheizen. Zwei Backbleche mit Backpapier auslegen. Die Schokolade grob hacken. Das Mehl mit Mohn und Backpulver vermischen.

2 Die Butter mit Zucker und Salz in einer Rührschüssel mit den Quirlen des Handrührgeräts kräftig verrühren. Das Ei dazugeben und alles cremig schlagen. Dann die Mehlmischung auf einmal dazugeben und rasch unter die cremige Masse arbeiten, die Schokolade untermengen.

3 Nach und nach mit zwei Teelöffeln etwas Teig abnehmen und mit ausreichend Abstand als knapp walnussgroße Häufchen auf die Backbleche setzen.

4 Die Bleche nacheinander in den Ofen (Mitte) schieben. Die Plätzchen ca. 11 Min. backen, bis die Ränder goldbraun sind. Auf einem Kuchengitter auskühlen lassen.

VARIANTE – KAFFEE-COOKIES

Für ca. 25 Stück 100 g weiche Butter, 100 g Zucker, 2 EL kalten, sehr starken Espresso und 1 Prise Salz mit den Quirlen des Handrührgeräts kräftig verrühren. 1 zimmerwarmes Ei (M) dazugeben und alles cremig schlagen. 150 g Mehl mit ½ TL Backpulver vermischen, die Mischung zur Buttermasse geben und rasch unterarbeiten. 2 EL Kaffeebohnen fein zerstoßen und untermengen. Dann, wie links beschrieben, den Teig mit zwei Teelöffeln als kleine Häufchen auf die Backbleche setzen. Die Cookies im 180° heißen Ofen (Mitte, Umluft 160°) ca. 11 Min. backen. Dann auf einem Kuchengitter auskühlen lassen.

VARIANTE – SCHWARZ-WEISS-COOKIES

Für ca. 25 Stück 100 g weiche Butter, 100 g Zucker und 1 Prise Salz mit den Quirlen des Handrührgeräts kräftig verrühren. 1 zimmerwarmes Ei (M) dazugeben und alles cremig schlagen. 150 g Mehl mit ½ TL Backpulver vermischen, zur Buttermasse geben und rasch unterarbeiten. Den Teig halbieren und unter eine Hälfte 2–3 EL Nussnugatcreme (z. B. Nutella) und nach Belieben 1 TL Kakaopulver rühren. Dann nach und nach mit zwei Teelöffeln jeweils ein kleines dunkles und ein helles Teighäufchen paarweise auf die Backbleche setzen und rund formen. Die Cookies im 180° heißen Ofen (Mitte, Umluft 160°) ca. 11 Min. backen. Dann auf einem Kuchengitter auskühlen lassen.

Extravagantes aus den USA

Marshmallow-Bars

50 g Vollmilchschokolade
50 g Zartbitterschokolade
100 g Mehl
1 Prise Salz
½ TL Backpulver
100 g Butter
100 g Zucker
1 Ei (M)
80 g Minimarshmallows

Für ca. 30 Stück
15 Min. Zubereitung | 20 Min. Backen
Pro Stück ca. 80 kcal, 1 g EW, 4 g F, 9 g KH

1 Den Backofen auf 180° (Umluft 160°) vorheizen. Eine flache, eckige Backform (ca. 24 x 24 cm, Brownie-Form) mit Backpapier auslegen.

2 Die beiden Schokoladensorten getrennt voneinander grob hacken. Das Mehl mit Salz und Backpulver vermischen.

3 Zartbitterschokolade mit Butter in einen kleinen Topf geben und bei kleiner Hitze unter Rühren schmelzen lassen, dann in eine Schüssel umfüllen. Zuerst Zucker und Ei mit einem Kochlöffel gleichmäßig unterrühren, dann die Mehlmischung unterarbeiten. Den Teig in die Form füllen und im Ofen (Mitte) ca. 15 Min. backen.

4 Vollmilchschokolade und Marshmallows daraufstreuen und leicht eindrücken. Alles weitere 5 Min. backen, bis die Schokolade angeschmolzen und die Marshmallows leicht goldbraun sind. Das Gebäck in der Form auskühlen lassen, dann in Rechtecke (ca. 3 x 5 cm) oder Quadrate (ca. 4 x 4 cm) schneiden.

Feines aus Great Britain

Shortbread-Taler

150 g Mehl
1 gehäufter EL Speisestärke
½ TL Backpulver
100 g weiche Butter
50 g feinster Zucker
1 Pck. Bourbon-Vanillezucker
½ TL Salz
grober Zucker zum Bestreuen

Für ca. 40 Stück
20 Min. Zubereitung | 6 Min. Backen
Pro Stück ca. 40 kcal, 0 g EW, 2 g F, 4 g KH

1 Den Backofen auf 180° (Umluft 160°) vorheizen. Ein Backblech mit Backpapier auslegen. Das Mehl mit Speisestärke und Backpulver vermischen.

2 Die Butter mit feinstem Zucker, Vanillezucker und Salz mit den Quirlen des Handrührgeräts kräftig verrühren. Dann die Hälfte der Mehlmischung auf einmal dazugeben und rasch unter die cremige Masse arbeiten. Die übrige Mehlmischung mit den Händen unterkneten.

3 Den Teig zu einer Rolle (ca. 4 cm Ø) formen, in ca. 0,5 cm dicke Scheiben schneiden und diese mit ausreichend Abstand auf das Backblech legen. Die Teigtaler nach Belieben noch rund formen. Im Ofen (Mitte) in 5–6 Min. hell backen.

4 Das Blech aus dem Ofen nehmen. Die Shortbread-Taler sofort mit einer Gabel mehrmals einstechen und mit grobem Zucker bestreuen. Auf dem Blech auskühlen lassen.

links: Shortbread-Taler | rechts: Marshmallow-Bars

Im 30-Minuten-Takt

Fünf, sechs, sieben, acht, ... in rund 30 Minuten ist es vollbracht. In dieser Zeit sind alle Zutaten verrührt, verknetet, geformt und dürfen anschließend gleich in den Ofen. Was dort dann wieder herauskommt, lässt sich sehen. Immer. Ein besonderer Hingucker sind die gefüllten Macarons, von denen man bestimmt nicht mehr so schnell lassen kann.

Maronen-Macarons

150 g gegarte Maronen (vakuumverpackt)
50 g gemahlene Mandeln
2 Eiweiß (M)
1 Prise Salz
1 TL frisch gepresster Zitronensaft
200 g Puderzucker
50 g weiche Butter

Für ca. 55 Stück | ◎ 30 Min. Zubereitung
20 Min. Backen pro Blech
Pro Stück ca. 35 kcal, 1 g EW, 2 g F, 5 g KH

1 Den Backofen auf 150° (Umluft 140°) vorheizen. Zwei Backbleche mit Backpapier auslegen. 100 g Maronen mit den Mandeln in einem Blitzhacker möglichst fein zerkleinern.

2 Die Eiweiße mit dem Salz am besten mit den Quirlen der Küchenmaschine (oder des Handrührgeräts) steif schlagen, dabei den Zitronensaft dazugeben. Dann unter Schlagen nach und nach 150 g Puderzucker dazugeben, bis eine dickschaumige Baisermasse entstanden ist. Die Maronen-Mandel-Mischung mit einem Schneebesen vorsichtig unter die Baisermasse heben.

3 Die Maronenbaisermasse in einen Gefrierbeutel füllen, eine kleine Ecke von dem Beutel abschneiden. Die Masse als flache Tupfen (ca. 3 cm Ø) auf die Bleche spritzen.

4 Die Bleche nacheinander in den Ofen (Mitte) schieben und die Plätzchen ca. 20 Min. backen. Auf dem Blech auskühlen lassen.

5 Die weiche Butter mit dem übrigen Puderzucker und den restlichen Maronen im Blitzhacker oder mit einem Pürierstab zu einer feinen Creme verarbeiten. Jeweils 2 Macarons mit etwas Maronenfüllung zusammensetzen.

unbedingt probieren

Gedeckte Cheesecake-Würfel

Amerikanischen Cheesecake kennt mittlerweile fast jeder. Aber wie sieht es mit der Minivariante des saftig-cremigen Kuchenklassikers aus? Hier ist das Rezept ...

200 g Mehl
150 g Zucker
1 Prise Salz
150 g kalte Butter
200 g Doppelrahmfrischkäse
100 g Crème fraîche
1 Ei (M)
abgeriebene Schale von ½ Bio-Zitrone
Mehl zum Arbeiten
Puderzucker zum Bestäuben (nach Belieben)

Für ca. 50 Stück
30 Min. Zubereitung | 45 Min. Backen
Pro Stück ca. 70 kcal, 1 g EW, 5 g F, 6 g KH

1 Den Backofen auf 160° (Umluft 140°) vorheizen. Eine flache, eckige Backform (ca. 24 x 24 cm, Brownie-Form) mit Backpapier auslegen.

2 Das Mehl mit 100 g Zucker und Salz mischen und auf eine Arbeitsfläche häufen, die Butter in Flöckchen darauf verteilen. Alles mit einer Palette durchhacken, dann rasch zu einem Mürbeteig verkneten. Den Teig in zwei Portionen teilen, flach drücken und kurz in das Tiefkühlfach legen.

3 Inzwischen den Frischkäse mit der Crème fraîche glatt verrühren. Den übrigen Zucker, das Ei und die Zitronenschale untermischen.

4 Die beiden Teigportionen jeweils auf einer leicht bemehlten Arbeitsfläche rasch zu einer 3–4 mm dicken Teigplatte (ca. 24 x 24 cm) ausrollen. Die Ränder gerade schneiden oder formen (Bild 1).

5 Eine Teigplatte auf einen Einleger schieben und von dort aus vorsichtig auf den Boden der Form gleiten lassen, andrücken. Die Käsemasse einfüllen und glatt streichen. Die Käsemasse mit der zweiten Teigplatte vorsichtig abdecken (Bild 2), dabei auch den Einleger zu Hilfe nehmen. Im Ofen (Mitte) in 40–45 Min. goldbraun backen.

6 Das Gebäck in der Form auskühlen lassen, dann in kleine Würfel (ca. 3 x 3 cm) schneiden. Nach Belieben noch mit Puderzucker bestäuben.

TIPP

Wem das Abdecken der Käsemasse mit der zweiten Teigplatte zu schwierig erscheint, bereitet einfach die Hälfte des Teiges zu und bäckt dann nur den unteren Teigboden mit der Käsemasse. Oder die zweite Teigportion nicht ausrollen, sondern zu Streuseln zerbröseln und auf die Käsemasse streuen.

VARIANTE – MIT NUSS

Für ca. 50 Stück 1 Pck. Nussfüllung (Backregal) wie auf der Packung angegeben mit 100 ml Milch verrühren (ergibt 250 g Füllung) und ca. 5 Min. quellen lassen. Dann mit 3 EL Nusslikör, Rum oder Apfelsaft verfeinern und 3 EL Rosinen unterrühren. Den Teig, wie links beschrieben, zubereiten, kühlen und ausrollen. Teigplatten und Nussmasse in die Form schichten und im 160° heißen Ofen (Mitte, Umluft 140°) 40–45 Min. backen.

1

2

3

schmecken am besten frisch

Limettenecken

80 g weiche Butter
200 g feinster Zucker
1 Prise Salz | 100 g Mehl
2–3 große, saftige Bio-Limetten
3 Eier (M)
1 gehäufter EL Speisestärke
Puderzucker oder Dekorzucker zum Bestreuen (nach Belieben)

Für ca. 35 Stück
25 Min. Zubereitung | 38 Min. Backen
Pro Stück ca. 60 kcal, 1 g EW, 2 g F, 8 g KH

1 Den Backofen auf 180° (Umluft 160°) vorheizen. Eine flache, eckige Backform (ca. 24 x 24 cm, Brownie-Form) mit Backpapier auslegen.

2 Butter mit 50 g Zucker und Salz mit den Quirlen des Handrührgeräts cremig rühren. Mehl dazugeben und unterrühren, bis kleine Teigbrösel entstehen. Die Brösel gleichmäßig auf den Boden der Form streuen und mit angefeuchteten Händen glatt drücken. Im Ofen (Mitte) 15–18 Min. backen.

3 Inzwischen 1 Limette heiß waschen, abtrocknen und die Schale fein abreiben. Von allen Limetten den Saft auspressen (es sollten 80 ml sein). Beides mit übrigem Zucker und Eiern mit dem Schneebesen verrühren. Die Stärke darübersieben und alles glatt verrühren. Die Masse auf die Teigkruste gießen, die Form wieder in den Ofen (Mitte) schieben und alles in ca. 20 Min. fertig backen.

4 Das Gebäck in der Form auskühlen lassen, dann in kleine Dreiecke schneiden. Nach Belieben mit Puder- oder Dekorzucker bestreuen.

knusprig, rund und fein

Schoko-Kokos-Minis

100 g Vollmilchschokolade
150 g Kokosraspel
150 g Mehl
1 TL Kakaopulver
100 g weiche Butter
50 g Zucker
1 Prise Salz
1–2 EL Kokoslikör (ersatzweise Kokosmilch, Sahne oder Wasser)
1 Eiweiß (M)

Für ca. 50 Stück
25 Min. Zubereitung | 12 Min. Backen
Pro Stück ca. 60 kcal, 1 g EW, 4 g F, 5 g KH

1 Den Backofen auf 150° (Umluft 140°) vorheizen. Ein Backblech mit Backpapier auslegen. Die Schokolade fein hacken und mit 50 g Kokosraspeln, Mehl und Kakaopulver vermischen.

2 Die Butter mit Zucker, Salz und Likör mit den Quirlen des Handrührgeräts cremig rühren. Die Mehlmischung dazugeben und unterrühren, bis kleine Teigbrösel entstehen.

3 Das Eiweiß und die übrigen Kokosraspel jeweils in eine kleine Schüssel geben. Mit den Händen nach und nach ein paar Teigbrösel abnehmen und zu kleinen Kugeln (knapp 2 cm Ø) formen. Die Kugeln zuerst im Eiweiß, dann in den Kokosraspeln wälzen und auf das Blech setzen.

4 Das Blech in den Ofen (Mitte) schieben und die Plätzchen ca. 12 Min. backen. Auf einem Kuchengitter auskühlen lassen.

links: Limettenecken | rechts: Schoko-Kokos-Minis

USA-Klassiker neu kombiniert

Karamell-Mandel-Blondies

Sie stehen den dunklen Brownies wahrlich in nichts nach: Biss für Biss sind sie ein saftig-satter Hochgenuss, gekrönt von knusprigem Karamell.

100 g Butter
150 g weiße Schokolade
2 leicht gehäufte EL Mehl
100 g gehäutete gemahlene Mandeln
100 g gehäutete ganze Mandeln
4 Eier (M)
200 g Zucker
1 Prise Salz
100 g Sahne

Für ca. 50 Stück
30 Min. Zubereitung | 25 Min. Backen
Pro Stück ca. 85 kcal, 2 g EW, 6 g F, 7 g KH

1 Den Backofen auf 180° (Umluft 160°) vorheizen. Eine flache, eckige Backform (ca. 24 x 24 cm, Brownie-Form) mit Backpapier auslegen.

2 Die Butter (1 EL beiseitestellen) und die Schokolade in einem kleinen Topf bei kleiner Hitze schmelzen, dann kurz abkühlen lassen. Das Mehl und die gemahlenen Mandeln vermischen. Die ganzen Mandeln grob hacken.

3 Eier mit 100 g Zucker und Salz mit den Quirlen des Handrührgeräts verrühren. Zuerst die Buttermischung, dann die Mehlmischung dazugeben und unterrühren. Den Teig in die Form füllen und die gehackten Mandeln daraufstreuen. Im Ofen (Mitte) ca. 20 Min. backen.

4 Inzwischen die Sahne mit der beiseitegestellten Butter und restlichem Zucker in einem kleinen Topf aufkochen. Dann bei mittlerer Hitze in 12–13 Min. zu einer dicklichen, hellen Karamellsauce kochen, dabei ab und zu umrühren. Die Sauce bei ganz kleiner Hitze warm halten, damit sie flüssig bleibt.

5 Nach den 20 Min. Backzeit die Form aus dem Ofen nehmen und die Karamellsauce mit einem Löffel gleichmäßig über die Mandeln laufen lassen. Die Form in den Ofen schieben und das Gebäck in weiteren 4–5 Min. goldbraun backen. In der Form auskühlen lassen, dann das Gebäck in kleine Quadrate (ca. 3 x 3 cm) schneiden.

VARIANTE – CRANBERRY-MACADAMIA-BLONDIES

Für ca. 50 Stück 100 g Butter und 150 g weiße Schokolade in einem kleinen Topf bei kleiner Hitze schmelzen, dann kurz abkühlen lassen. 100 g Macadamianüsse mit 2 leicht gehäuften EL Mehl in einem Blitzhacker fein mahlen. 4 Eier (M) mit 100 g Zucker und 1 Prise Salz mit den Quirlen des Handrührgeräts verrühren. Zuerst die Buttermischung, dann die Mehlmischung dazugeben und unterrühren. Den Teig, wie links beschrieben, in die Form füllen und je 50 g gehackte Macadamianüsse und getrocknete Cranberrys daraufstreuen. Im 180° heißen Ofen (Mitte, Umluft 160°) in ca. 25 Min. goldbraun backen. Das Gebäck in der Form auskühlen lassen, dann in kleine Quadrate (ca. 3 x 3 cm) schneiden.

für Kinder

Walnuss-Cookies

100 g Walnusskerne
2 EL Puderzucker
150 g Mehl
½ TL Backpulver
2 kleine vollreife Bananen (ca. 250 g)
100 g weiche Butter
100 g (Roh-)Rohrzucker
1 Prise Salz
1 zimmerwarmes Ei (M)

Für ca. 30 Stück | 25 Min. Zubereitung
15 Min. Backen pro Blech
Pro Stück ca. 90 kcal, 1 g EW, 5 g F, 10 g KH

1 Backofen auf 180° (Umluft 160°) vorheizen. Zwei Backbleche mit Backpapier auslegen. Walnusskerne grob hacken und in einer Pfanne bei mittlerer Hitze kurz anrösten. Die Nüsse mit Puderzucker bestäuben und karamellisieren, dann abkühlen lassen. Mehl und Backpulver vermischen. Die Bananen schälen und ein Viertel davon mit einer Gabel fein zerdrücken, den Rest klein würfeln.

2 Butter mit Zucker, zerdrückter Banane und Salz mit den Quirlen des Handrührgeräts verrühren. Ei dazugeben und alles cremig schlagen. Dann die Mehlmischung auf einmal dazugeben und rasch unter die cremige Masse rühren. Bananenwürfel und Nüsse untermengen.

3 Nach und nach mit zwei Teelöffeln etwas Teig abnehmen und mit ausreichend Abstand als walnussgroße Häufchen auf die Backbleche setzen. Die Bleche nacheinander in den Ofen (Mitte) schieben und die Plätzchen in ca. 15 Min. goldbraun backen. Auf einem Kuchengitter auskühlen lassen.

fruchtig-beschwipst

Rosinen-Apfel-Cookies

50 g Rosinen
5 EL Calvados (ersatzweise Apfelsaft)
150 g Mehl
½ TL Backpulver
2 kleine süßsaure Äpfel (ca. 200 g)
100 g weiche Butter
100 g Zucker
1 Prise Salz
1 zimmerwarmes Ei (M)

Für ca. 30 Stück | 30 Min. Zubereitung
17 Min. Backen pro Blech
Pro Stück ca. 70 kcal, 1 g EW, 3 g F, 9 g KH

1 Rosinen und Calvados in einem kleinen Topf erhitzen, dann abgedeckt 10–15 Min. marinieren lassen. Inzwischen den Backofen auf 180° (Umluft 160°) vorheizen. Zwei Backbleche mit Backpapier auslegen. Das Mehl mit dem Backpulver vermischen. Die Äpfel schälen, vierteln, entkernen, klein würfeln und unter die Rosinen mischen.

2 Butter mit Zucker und Salz mit den Quirlen des Handrührgeräts kräftig verrühren. Ei dazugeben und alles cremig schlagen. Dann die Mehlmischung auf einmal dazugeben und rasch unter die cremige Masse arbeiten, die Rosinen-Apfel-Mischung samt Calvados untermengen.

3 Nach und nach mit zwei Teelöffeln etwas Teig abnehmen und mit ausreichend Abstand als walnussgroße Häufchen auf die Backbleche setzen. Die Bleche nacheinander in den Ofen (Mitte) schieben und die Plätzchen in 15–17 Min. goldbraun backen. Auf einem Kuchengitter auskühlen lassen.

links: Walnuss-Cookies | rechts: Rosinen-Apfel-Cookies

schmeckt nicht nur Kindern

Süße Schnecken

Sind Sie ein Fan von Linzer Plätzchen? Dann dürfen Sie sich über diese schnelle und simple Variante des beliebten Klassikers freuen. Am besten gleich ausprobieren!

½ Bio-Zitrone
250 g Mehl
100 g Zucker | 1 Prise Salz
1 Eigelb (M)
150 g kalte Butter
200 g Konfitüre (z. B. Aprikosen-, Himbeer- oder Kirschkonfitüre; nicht zu dünnflüssig, Gelee geht ebenfalls)
Puderzucker zum Bestäuben (nach Belieben)

Für ca. 60 Stück
25 Min. Zubereitung | 14 Min. Backen
Pro Stück ca. 50 kcal, 1 g EW, 2 g F, 7g KH

1 Den Backofen auf 180° (Umluft 160°) vorheizen. Zwei Backbleche mit Backpapier auslegen. Die Zitrone heiß waschen und abtrocknen, etwa 1 TL Schale fein abreiben und 1 EL Saft auspressen.

2 Das Mehl mit Zucker, Zitronenschale und Salz mischen und auf die Arbeitsfläche häufen. In die Mitte eine Mulde drücken, Eigelb und Zitronensaft hineingeben, am Rand die Butter in Flöckchen verteilen. Alles mit einer Palette gut durchhacken, dann rasch zu einem Mürbeteig verkneten.

3 Den Teig zwischen zwei großen Bögen Backpapier zu einem 3–4 mm dünnen Rechteck (ca. 35 x 40 cm) ausrollen. Den oberen Papierbogen abziehen und die Teigränder gerade schneiden. Die Teigplatte samt darunterliegendem Backpapier quer halbieren.

4 Die Konfitüre glatt verrühren und jede Teighälfte gleichmäßig damit bestreichen. Die Teigplatten jeweils von der Längsseite her mithilfe des Backpapiers aufrollen und die Rollen in knapp 1 cm dicke Scheiben schneiden (siehe Tipp). Die Scheiben auf die Bleche legen.

5 Die Bleche nacheinander in den Ofen (Mitte) schieben und die Plätzchen in 12–14 Min. leicht goldbraun backen. Auf einem Kuchengitter auskühlen lassen. Die Schnecken nach Belieben mit Puderzucker bestäuben.

TIPP – TEIG AUFROLLEN UND SCHNEIDEN

Da der Mürbeteig durch das Ausrollen zu einer Platte bei Zimmertemperatur weicher wird, verformen sich die Teigscheiben etwas beim Abschneiden. Wer möglichst runde Schnecken haben möchte, lässt die gefüllten Teigrollen vor dem Schneiden etwa 1 Std. im Kühlschrank gut durchkühlen, damit sie stabil werden.

SPEED-TIPP

Schneller lassen sich die süßen Schnecken zubereiten, wenn Sie den Mürbeteig nicht selbst herstellen, sondern stattdessen fertigen Mürbeteig aus dem Kühlregal (bereits zu Platten ausgerollt) verwenden.

schön knusprig

Nuss-Mix-Jumbles

100 g Mandeln
100 g Macadamianüsse
100 g gesalzene, geröstete Pekannüsse
100 g Pistazien-, Pinien- und Kürbiskerne (nach Belieben gemischt)
2 Eiweiß (M)
150 g (Roh-)Rohrzucker

Für ca. 30 Stück | 25 Min. Zubereitung
12 Min. Backen pro Blech
Pro Stück ca. 110 kcal, 2 g EW, 8 g F, 6 g KH

1 Den Backofen auf 180° (Umluft 160°) vorheizen. Ein Backblech mit Backpapier auslegen. Mandeln, Macadamia- und Pekannüsse ganz grob hacken und mit den gemischten Kernen vermengen.

2 Die Eiweiße und den Zucker mit einem Schneebesen leicht schaumig schlagen. Den Nuss-Mix untermischen, sodass die Nüsse gleichmäßig von der Eiweiß-Zucker-Masse überzogen sind.

3 Mit einem Esslöffel die Hälfte der Nuss-Mix-Mischung als Häufchen auf das Blech setzen, dann flach und rund (ca. 5 cm Ø) formen. Dabei zwischendurch die Mischung immer wieder durchrühren, damit die Nüsse und Kerne von der Eiweiß-Zucker-Masse überzogen bleiben.

4 Das Blech in den Ofen (Mitte) schieben und die Plätzchen in ca. 12 Min. goldbraun und knusprig backen. Das Backpapier samt den Jumbles vom Backblech ziehen und auskühlen lassen. Das Blech sofort wieder mit Backpapier auslegen und die übrige Nuss-Mix-Mischung, wie oben beschrieben, formen und backen.

fruchtig

Zwetschgen-Krapferl

10 kleine Zwetschgen (ca. 200 g)
¼ TL Zimtpulver
2 EL Zwetschgengeist (ersatzweise Fruchtsaft)
120 g (Roh-)Rohrzucker
100 g Haselnusskerne, Mandeln oder Walnusskerne
1 Ei (M) | 100 g weiche Butter
100 g Mehl | 1 Prise Salz

Für ca. 20 Stück
30 Min. Zubereitung | 20 Min. Backen
Pro Stück ca. 120 kcal, 2 g EW, 8 g F, 11 g KH

1 Zwetschgen waschen, halbieren, entsteinen, in dünne Spalten schneiden. Mit Zimtpulver, Zwetschgengeist und 2 EL Zucker unter Rühren ca. 1 Min. kochen, vom Herd nehmen. Nüsse im Blitzhacker nicht zu fein hacken, goldbraun rösten und abkühlen lassen. Den Backofen auf 180° (Umluft 160°) vorheizen. Ein Backblech mit Backpapier auslegen.

2 Das Ei trennen. Butter mit übrigem Zucker und Eigelb mit den Quirlen des Handrührgeräts cremig rühren. Das Mehl unterrühren, bis kleine Teigbrösel entstehen. Eiweiß und Salz in einer kleinen Schüssel mit einer Gabel leicht schaumig schlagen.

3 Nach und nach Teigbrösel abnehmen und zu kleinen Kugeln (ca. 2,5 cm Ø) formen, diese erst im Eiweißschaum, dann in den Nüssen wälzen und aufs Blech setzen. Jeweils mit einem Kochlöffelstiel eine Rille eindrücken und je 1–2 Zwetschgenspalten hineinsetzen. Teig leicht zusammendrücken, damit die Zwetschgen fest sitzen. Im Ofen (Mitte) ca. 20 Min. backen. Auf dem Blech auskühlen lassen.

links: Zwetschgen-Krapferl | rechts: Nuss-Mix-Jumbles

Im Xmas-Countdown

Was das ganze Jahr über bei Tee- und Kaffeegebäck geht, klappt zur Adventszeit ebenfalls. Auch Weihnachtsplätzchen können innerhalb kürzester Zeit im Backofen landen. Kaum zu glauben? Dann einfach die Rezepte ausprobieren, zum Beispiel gleich die Nugatkipferl backen – sie machen jedem anderen Hörnchen große Konkurrenz.

Nugatkipferl

100 g Mehl
100 g gemahlene Nüsse (z. B. Mandeln, Haselnuss-, Cashewnuss- oder Walnusskerne)
50 g Zucker | 1 Prise Salz
50 g kaltes Nussnugat
80 g kalte Butter
Puderzucker zum Bestäuben

Für ca. 40 Stück | 25 Min. Zubereitung
20 Min. Backen pro Blech
Pro Stück ca. 50 kcal, 1 g EW, 4 g F, 4 g KH

1 Den Backofen auf 150° (Umluft 140°) vorheizen. Zwei Backbleche mit Backpapier auslegen. Mehl mit Nüssen, Zucker und Salz mischen und auf eine Arbeitsfläche häufen. Das Nugat mit einer Küchenreibe fein dazureiben. Butter in Flöckchen darauf verteilen. Alles mit einer Palette durchhacken, dann rasch zu einem Mürbeteig verkneten.

2 Den Teig zu einer Rolle (ca. 3 cm Ø) formen, diese in ca. 1 cm dicke Stücke schneiden. Die Teigstücke so zu 7–8 cm langen Rollen formen, dass sie an beiden Enden spitz zulaufen. Auf die Bleche legen und den Teig zu Hörnchen biegen.

3 Die Bleche nacheinander in den Ofen (Mitte) schieben und die Plätzchen ca. 20 Min. backen. Auf einem Kuchengitter auskühlen lassen und mit Puderzucker bestäuben.

TIPPS

Damit sich das Nugat gleichmäßig im Teig verteilt, reibt man es fein auf der Küchenreibe. Das geht am besten, wenn es gut durchgekühlt ist. Darum das Nugat rechtzeitig in den Kühlschrank oder in das Tiefkühlfach legen. Wer Zeit hat, stellt das Blech mit den ungebackenen Kipferln noch ca. 30 Min. in den Kühlschrank. So behalten sie im Ofen besser ihre Form.

Weihnachtsklassiker aus den USA

Brownies – extraschokoladig

Um den unschlagbaren Geschmack von Brownies genießen zu können, dürfen sie nicht trocken sein! Deshalb die Minis auf keinen Fall zu lange im Backofen lassen!

150 g Butter
300 g Zartbitterschokolade
2 leicht gehäufte EL Mehl
100 g gemahlene Mandeln
4 Eier (M)
100 g Zucker
2 Pck. Vanillezucker
1 Prise Salz

Für ca. 50 Stück
30 Min. Zubereitung | 25 Min. Backen
Pro Stück ca. 80 kcal, 1 g EW, 6 g F, 5 g KH

1 Den Backofen auf 180° (Umluft 160°) vorheizen. Eine flache, eckige Backform (ca. 24 x 24 cm, Brownie-Form) mit Backpapier auslegen.

2 Die Butter (1 TL beiseitestellen) und 150 g Schokolade in einem kleinen Topf bei kleiner Hitze schmelzen. 50 g Schokolade grob hacken und mit Mehl und Mandeln vermischen.

3 Eier mit Zucker, Vanillezucker und Salz mit den Quirlen des Handrührgeräts verrühren. Zuerst die Buttermischung, dann die Mehlmischung dazugeben und unterrühren. Den Teig in die Form füllen (Bild 1) und im Ofen (Mitte) ca. 25 Min. backen. Das Gebäck in der Form auskühlen lassen, dann in kleine Quadrate (ca. 3 x 3 cm) schneiden.

4 Die restliche Schokolade fein hacken und mit der beiseitegestellten Butter in einer kleinen Schüssel über dem heißen Wasserbad schmelzen.

5 Die Brownies nach und nach mit der Oberseite in die geschmolzene Schokolade tauchen (Bild 2) und die Schokolade fest werden lassen.

DEKO-TIPP

Besonders hübsch sehen die Brownies aus, wenn man sie zusätzlich noch mit Schokospänen oder -röllchen (siehe Seite 7) verziert. Diese, kurz bevor der geschmolzene Schokoüberzug fest wird, auf die Brownies streuen. Schneller, aber nicht ganz so attraktiver Ersatz: fertige Schokoraspel.

SPEED-TIPP

Wer wenig Zeit hat, lässt nur 50 g Zartbitterschokolade mit der beiseitegestellten Butter über dem Wasserbad schmelzen. Das ausgekühlte Gebäck aus der Form nehmen, aber noch nicht in Quadrate schneiden. Die Oberfläche des Gebäcks gleichmäßig mit der Schokolade bestreichen und trocknen lassen, dann erst, wie links beschrieben, in Quadrate schneiden.

VARIANTE – MIT KANDIERTEN ORANGEN

Für ca. 50 Stück den Teig, wie links beschrieben, zubereiten – allerdings nur mit der geschmolzenen Schokolade. Statt der Schokostückchen je 50 g fein gehackte kandierte Orangen und klein gewürfelte Marzipanrohmasse untermischen. Für die Deko, wie beim Speed-Tipp beschrieben, das Gebäck mit Schokolade bestreichen und mit 50 g fein gehackten kandierten Orangen bestreuen. Die Schokolade trocknen lassen.

1

2

3

Lebkuchenbissen

Sie können nicht mit ihrer Größe prahlen, dafür strotzen sie umso mehr vor Aroma. Das macht die kleinen Bissen zu Lieblingen auf dem Plätzchenteller.

3 eckige Oblaten (120 x 200 mm) | 100 g Orangeat | 50 g Zitronat | 3 EL Rum | 150 g gemahlene Haselnüsse | 200 g gemahlene Mandeln | 2 TL Lebkuchengewürz | 2 Eier (M) | 100 g (Roh-) Rohrzucker | 1 Pck. Vanillezucker | 1 Prise Salz | 1 EL Butter | 100 g Puderzucker | 2 EL frisch gepresster Zitronensaft

Für ca. 35 Stück
20 Min. Zubereitung | 25 Min. Backen
Pro Stück ca. 110 kcal, 2 g EW, 6 g F, 10 g KH

1 Den Backofen auf 160° (Umluft 140°) vorheizen. Ein Backblech mit Backpapier auslegen, darauf dicht nebeneinander die Oblaten legen. Orangeat und Zitronat mit dem Rum in einen Blitzhacker geben und fein zerkleinern. Haselnüsse, Mandeln und Lebkuchengewürz vermischen.

2 Eier, Zucker, Vanillezucker und Salz mit den Quirlen der Küchenmaschine oder des Handrührgeräts in ca. 5 Min. zu einer dickschaumigen Masse schlagen. Orangeat, Zitronat und die Nussmischung mit einem Teigspatel vorsichtig untermischen.

3 Lebkuchenmasse gleichmäßig auf die Oblaten streichen, dabei rundherum einen kleinen Rand freilassen. Darauf achten, dass die Oblaten nicht auseinanderrutschen. Nach Belieben die Oberfläche mit angefeuchteten Händen glatt formen. Das Blech in den Ofen (Mitte) schieben und den Lebkuchen 20–25 Min. backen, bis er außen leicht Farbe bekommt und innen noch feucht ist.

4 Butter schmelzen, mit Puderzucker und Zitronensaft glatt verrühren. Den Guss auf den heißen Lebkuchen streichen. Auskühlen lassen, den Lebkuchen in kleine Rechtecke (z. B. 4 x 5 cm) schneiden.

den Italienern abgeschaut

Kandierte-Früchte-Ecken

2 eckige Oblaten (120 x 200 mm) | je 100 g Mandeln und Haselnusskerne | 350 g gemischte kandierte Früchte (z. B. Feigen, Kirschen, Aprikosen) | 2 EL Mehl | je ½ TL Zimtpulver, gemahlener Ingwer und Koriander | 100 g Honig | 150 g Zucker

Für ca. 50 Stück
20 Min. Zubereitung | 30 Min. Backen
Pro Stück ca. 70 kcal, 1 g EW, 2 g F, 10 g KH

1 Backofen auf 150° (Umluft 130°) vorheizen. Eine flache, eckige Backform (ca. 24 x 24 cm, Brownie-Form) mit Backpapier auslegen. Oblaten auf den Boden legen. Mandeln, Haselnusskerne, Früchte, Mehl und Gewürze im Blitzhacker grob hacken.

2 Honig und Zucker in einem Topf bei mittlerer Hitze unter Rühren schmelzen, die Früchtemischung unterrühren. Die Masse in die Form füllen, rasch mit einem feuchten Löffel glatt streichen. Im Ofen (Mitte) ca. 30 Min. backen. In der Form abkühlen lassen, dann in Quadrate (ca. 3 x 3 cm) schneiden.

mürbe & kernig

Zimt-Pistazien-Rauten

100 g Pistazienkerne | 150 g Mehl | 50 g gehäutete gemahlene Mandeln | 100 g Zucker | 2 TL Zimtpulver | 1 Prise Salz | 1 Eigelb (M) | 100 g kalte Butter

Für ca. 40 Stück
15 Min. Zubereitung | 10 Min. Backen
Pro Stück ca. 65 kcal, 1 g EW, 4 g F, 6 g KH

1 Backofen auf 200° (Umluft 180°) vorheizen. Ein Backblech mit Backpapier auslegen. Pistazienkerne grob hacken. Mehl, Mandeln, Zucker, Zimtpulver und Salz auf eine Arbeitsfläche häufen. In die Mitte eine Mulde drücken, Eigelb hineingeben. Am Rand die Butter in Flöckchen verteilen. Alles mit einer Palette hacken, dann zu einem Mürbeteig verkneten.

2 Teig auf dem Blech zu einem 4–5 mm dicken Rechteck (ca. 24 x 28 cm) ausrollen. Pistazien daraufstreuen und eindrücken. Im Ofen (Mitte) ca. 10 Min. backen. Gebäckplatte auf dem Blech abkühlen lassen, in Rauten (ca. 4 x 5 cm) schneiden.

nussig-süß

Walnuss-Dattel-Stiche

Damit die Stiche gelingen, Nüsse und Datteln gut umhüllt werden, muss die Baisermasse Volumen und einen kräftigen Stand haben. Also das Eiweiß kräftig schlagen!

100 g Walnusskerne
150 g Puderzucker
100 g entsteinte getrocknete Datteln
2 Eiweiß (M)
1 Prise Salz
1 gehäufter TL Kakaopulver (nach Belieben)

Für ca. 30 Stück | 25 Min. Zubereitung
15 Min. Backen pro Blech
Pro Stück ca. 50 kcal, 1 g EW, 2 g F, 8 g KH

1 Den Backofen auf 150° (Umluft 140°) vorheizen. Zwei Backbleche mit Backpapier auslegen. Die Walnusskerne im Blitzhacker grob hacken und in einer Pfanne bei mittlerer Hitze kurz anrösten. Mit 3 EL Puderzucker bestäuben und unter Rühren karamellisieren lassen.

2 Die karamellisierten Nüsse auf dem Backpapier ausbreiten und auskühlen lassen. Die Datteln in sehr feine Streifen schneiden.

3 Die Eiweiße und das Salz mit den Quirlen der Küchenmaschine oder des Handrührgeräts steif schlagen. Nach und nach den übrigen Puderzucker und eventuell das Kakaopulver dazugeben und alles zu einer dickschaumigen Baisermasse aufschlagen. Die Walnüsse und die Datteln vermischen und vorsichtig unter die Baisermasse heben.

4 Nach und nach mit zwei Teelöffeln etwas Masse abnehmen und mit ausreichend Abstand als knapp walnussgroße Häufchen auf die Backbleche setzen. Die Bleche nacheinander in den Ofen (Mitte) schieben und die Plätzchen ca. 15 Min. backen. Auf dem Blech auskühlen lassen.

AUSTAUSCH-TIPP

Diese luftig-knusprigen Plätzchen lassen sich in unterschiedlichen Kombinationen zubereiten. Statt der Walnusskerne können Sie auch Mandeln, Haselnusskerne, Cashewnusskerne, Paranüsse, Pekannüsse oder Macadamianüsse verwenden. Und die Datteln tauschen Sie einfach nach Geschmack durch getrocknete Aprikosen, Kirschen, Cranberrys, Mangos oder Kumquats aus.

AROMA-TIPP

Je nach verwendeter Nuss- und Fruchtsorte kann die Baisermasse auch noch mit Gewürzen verfeinert werden. Zu den Dattel-Walnuss-Stichen passt etwas Zimtpulver, Lebkuchengewürz oder auch ein Hauch Chilipulver. Die Gewürze dann unter den übrigen Puderzucker mischen, die Mischung zum steif geschlagenen Eischnee geben und alles kräftig zur Baisermasse aufschlagen.

nicht nur formschön

Helle Bärentatzen

100 g weiße Schokolade
2 Eiweiß (M) | 1 Prise Salz
200 g gehäutete gemahlene Mandeln
100 g Zucker
¼ TL Zimtpulver
¼ TL Orangenschalen-Aroma (Fertigprodukt; Backaroma)
2 Prisen gemahlene Vanille (nach Belieben)
einzelne Bärentatzenform
Zucker zum Arbeiten

Für ca. 35 Stück | 30 Min. Zubereitung
15 Min. Backen pro Blech
Pro Stück ca. 60 kcal, 1 g EW, 4 g F, 5 g KH

1 Den Backofen auf 150° (Umluft 140°) vorheizen. Zwei Backbleche mit Backpapier auslegen. Schokolade mit der Küchenmaschine rasch fein reiben, damit sie nicht schmilzt (oder mit der Küchenreibe, dann die Schokolade vorher kühlen).

2 Eiweiße und Salz mit den Quirlen des Handrührgeräts steif schlagen. Schokolade, Mandeln, Zucker, Zimtpulver, Orangenschalen-Aroma und nach Belieben die Vanille dazugeben und alles mit einem Teigspatel zu einem formbaren Teig verarbeiten.

3 Nach und nach aus dem Teig ca. 3 cm große Kugeln formen, in etwas Zucker wälzen, nicht zu fest in die Bärentatzenform drücken und auf die Bleche stürzen, dazu die Form leicht aufschlagen. Die Form zwischendurch immer wieder mit dem Finger säubern und mit Zucker ausstreuen. Die Bleche nacheinander in den Ofen (Mitte) schieben und die Plätzchen ca. 15 Min. backen. Auf einem Kuchengitter auskühlen lassen.

Klassiker neu gemacht

Haselnuss-Spekulatius

100 g Haselnussblättchen (ersatzweise gehackte Haselnüsse)
250 g Mehl
½ TL Backpulver
50 g gemahlene Haselnüsse
100 g weiche Butter
100 g (Roh-)Rohrzucker
3 TL Spekulatiusgewürz | 1 Prise Salz
1 zimmerwarmes Ei (M)
Mehl zum Arbeiten

Für ca. 40 Stück | 25 Min. Zubereitung
12 Min. Backen pro Blech
Pro Stück ca. 80 kcal, 1 g EW, 5 g F, 7 g KH

1 Den Backofen auf 200° (Umluft 180°) vorheizen. Zwei Backbleche mit Backpapier auslegen und mit den Haselnussblättchen bestreuen. Mehl mit Backpulver und gemahlenen Haselnüssen vermischen.

2 Butter mit Zucker, Spekulatiusgewürz und Salz mit den Quirlen des Handrührgeräts kräftig verrühren. Ei dazugeben und alles cremig schlagen. Dann die Mehlmischung auf einmal dazugeben und rasch unter die cremige Masse arbeiten.

3 Den Teig auf einer leicht bemehlten Arbeitsfläche zu einem 3–4 mm dicken Rechteck (ca. 30 x 40 cm) ausrollen, die Ränder mit einem Messer oder Teigrädchen gerade schneiden. Die Teigplatte in kleine Rechtecke (ca. 4 x 6 cm) schneiden und diese auf die Haselnussblättchen legen. Die Bleche nacheinander in den Ofen (Mitte) schieben und die Plätzchen in ca. 12 Min. goldbraun backen. Auf einem Kuchengitter auskühlen lassen.

links: Helle Bärentatzen | rechts: Haselnuss-Spekulatius

für Kinder

Zarte Butterplätzchen

250 g Mehl
2 Prisen Backpulver
80 g feinster Zucker
1 Pck. Bourbon-Vanillezucker
1 TL fein abgeriebene Schale von 1 Bio-Zitrone
1 Prise Salz
1 Eigelb (M)
150 g kalte Butter
Sternausstecher
Mehl zum Arbeiten
Puderzucker zum Bestäuben

Für ca. 60 Stück | 30 Min. Zubereitung
10 Min. Backen pro Blech
Pro Stück ca. 40 kcal, 1 g EW, 2 g F, 5 g KH

1 Den Backofen auf 180° (Umluft 160°) vorheizen. Zwei Backbleche mit Backpapier auslegen.

2 Das Mehl mit Backpulver, Zucker, Vanillezucker, Zitronenschale und Salz mischen und auf eine Arbeitsfläche häufen. In die Mitte eine Mulde drücken und das Eigelb hineingeben. Die Butter in Flöckchen auf den Rand geben. Alles mit einer Palette gut durchhacken und mit den Händen rasch zu einem Mürbeteig verkneten.

3 Den Teig portionsweise auf einer leicht bemehlten Arbeitsfläche 2–3 mm dick ausrollen. Aus dem Teig mit dem Ausstecher Sterne ausstechen und auf die Bleche legen.

4 Die Bleche nacheinander in den Ofen (Mitte) schieben und die Plätzchen in 8–10 Min. goldbraun backen. Auf einem Kuchengitter auskühlen lassen, dann fein mit Puderzucker bestäuben.

außen kross, innen zart

Schokomakronen

100 g Zartbitterschokolade
1 TL Kakaopulver
100 g gehäutete gemahlene Mandeln
2 Eiweiß (M)
1 Prise Salz
100 g Puderzucker
ca. 35 Oblaten (40 mm Ø)

Für ca. 35 Stück | 25 Min. Zubereitung
15 Min. Backen pro Blech
Pro Stück ca. 45 kcal, 1 g EW, 3 g F, 4 g KH

1 Den Backofen auf 150° (Umluft 140°) vorheizen. Zwei Backbleche mit Backpapier auslegen. Die Schokolade am besten mit der Küchenmaschine rasch fein reiben, damit sie nicht schmilzt (oder mit der Küchenreibe, dann die Schokolade vorher kühlen). Mit Kakaopulver und Mandeln vermischen.

2 Die Eiweiße und das Salz mit den Quirlen der Küchenmaschine oder des Handrührgeräts steif schlagen. Dann nach und nach den Puderzucker dazugeben und alles zu einer dickschaumigen Baisermasse aufschlagen. Die Mandelmischung vorsichtig unter die Baisermasse heben.

3 Nach und nach mit zwei Teelöffeln die Makronenmasse auf den Oblaten verteilen und die Makronen auf die Bleche setzen.

4 Die Bleche nacheinander in den Ofen (Mitte) schieben und die Plätzchen 13–15 Min. backen, bis sie außen knusprig sind und innen noch einen weichen, feuchten Kern haben. Auf einem Kuchengitter auskühlen lassen.

links: Schokomakronen | rechts: Zarte Butterplätzchen

Zum Gebrauch
Damit Sie Rezepte mit bestimmten Zutaten noch schneller finden können, stehen in diesem Register zusätzlich auch beliebte Zutaten wie **Mandeln** oder **Schokolade** – ebenfalls alphabetisch geordnet und **hervorgehoben** – über den entsprechenden Rezepten.

A/B

Apfel
- Apfel-Marzipan-Crumbles (Variante) 22
- Rosinen-Apfel-Cookies 42

Backbleche 4
Backpapier 4
Baisermasse
- Maronen-Macarons 35
- Schokomakronen 58

Banane: Walnuss-Cookies 42
Bärentatzen, Helle 56
Blitzhacker 4
Bourbon-Vanille (Tipp) 9
Brownies 50
Butterplätzchen, Zarte 58

C

Cheesecake-Würfel, Gedeckte 36
Chocolate-Chips-Cookies (Variante) 10
Cranberrys
- Cranberry-Macadamia-Blondies (Variante) 40
- Cranberry-Sticks 18

Crème fraîche: Gedeckte Cheesecake-Würfel 36
Crispy Cookies 13

D

Datteln: Walnuss-Dattel-Stiche 55
Dinkelmehl
- Karamell-Cookies (Variante) 10
- Kernige Dinkelplätzchen 16

Dinkelplätzchen, Kernige 16

E

Eigelb
- Haselnuss-Kaffee-Kringel 28
- Süße Schnecken 44
- Zarte Butterplätzchen 58
- Zimt-Pistazien-Rauten 53

Eiweiß
- Helle Bärentatzen 56
- Maronen-Macarons 35
- Nuss-Mix-Jumbles 46
- Schoko-Kokos-Minis 38
- Schokomakronen 58
- Tee-Knusperle 27
- Walnuss-Dattel-Stiche 55

Erdnussbutter
- Peanut-Butter-Cookies 10
- Zarte Erdnussseufzer 21

Erdnussseufzer, Zarte 21
Espresso: Kaffee-Cookies (Variante) 30

F/G

Frischkäse: Gedeckte Cheesecake-Würfel 36
Früchte 5
Früchte-Ecken, Kandierte 53
Gedeckte Cheesecake-Würfel 36
Geschmolzene Schokolade 7
Gewürze 5
Grieß: Mandel-Grieß-Kekse 18

H/I

Haferflocken: Kernige Dinkelplätzchen 16
Handrührgerät 4
Haselnüsse
- Haselnuss-Kaffee-Kringel 28
- Haselnuss-Spekulatius 56
- Kandierte-Früchte-Ecken 53
- Lebkuchenbissen 52

Haselnusskrokant: Crispy Cookies 13
Helle Bärentatzen 56
Ingwer
- Kandierte-Früchte-Ecken 53
- Zuckerrübensirupkekse 16

K

Kaffee-Cookies (Variante) 30
Kaffeebohnen
- Haselnuss-Kaffee-Kringel 28
- Kaffee-Cookies (Variante) 30

Kandierte-Früchte-Ecken 53
Karamell-Cookies (Variante) 10
Karamell-Mandel-Blondies 40
Karamellisierte Löffelbiskuit-Rondos 24
Kerne
- Kernige Dinkelplätzchen 16
- Nuss-Mix-Jumbles 46
- Pinienkern-Biscotti 9
- Zimt-Pistazien-Rauten 53

Kernige Dinkelplätzchen 16
Kirschen: Minikirsch-Crumbles 22
Kokos-Cookies 12
Kokos-Cookies mit Asia-Touch (Tipp) 12
Kokosraspel
- Schoko-Kokos-Minis 38
- Kokos-Cookies 12

Konfitüre: Süße Schnecken 44
Krokant 7
Küchenmaschine 4
Küchenwaage 4

L/M

Lebkuchenbissen 52
Limettenecken 38
Löffelbiskuit-Rondos, Karamellisierte 24
Mandel-Grieß-Kekse 18
Mandeln
- Brownies 50
- Helle Bärentatzen 56
- Kandierte-Früchte-Ecken 53
- Karamell-Mandel-Blondies 40
- Lebkuchenbissen 52
- Mandel-Grieß-Kekse 18
- Minikirsch-Crumbles 22
- Nuss-Mix-Jumbles 46
- Schokomakronen 58
- Tee-Knusperle 27
- Vanille-Mandel-Cookies 13

Zimt-Pistazien-Rauten 53
Maronen-Macarons 35
Marshmallow-Bars 32
Marzipan: Apfel-Marzipan-Crumbles (Variante) 22
Mehl 5
Minikirsch-Crumbles 22
Mohn
Mohnsnaps 14
Weiße Schoko-Mohn-Cookies 30
Mürbeteig
Gedeckte Cheesecake-Würfel 36
Haselnuss-Kaffee-Kringel 28
Süße Schnecken 44
Zarte Butterplätzchen 58

N
Nugatkipferl 49
Nuss-Mix-Jumbles 46
Nüsse 5
Nüsse
Cranberry-Macadamia-Blondies (Variante) 40
Nugatkipferl 49
Nuss-Mix-Jumbles 46
Nussknacker 28
Zwetschgen-Krapferl 46
Nussnugat
Nugatkipferl 49
Schwarz-Weiß-Cookies (Variante) 30

O/P
Oblaten
Kandierte-Früchte-Ecken 53
Lebkuchenbissen 52
Minikirsch-Crumbles 22
Schokomakronen 58
Orangeat: Lebkuchenbissen 52
Peanut-Butter-Cookies 10
Pinienkern-Biscotti 9
Pistazienkerne: Zimt-Pistazien-Rauten 53
Puderzucker
Lebkuchenbissen 52
Maronen-Macarons 35
Pinienkern-Biscotti 9
Puderzuckerguss 6
Schokomakronen 58
Walnuss-Dattel-Stiche 55
Pumpernickel-Rondos (Variante) 24

R
Rohrzucker
Haselnuss-Spekulatius 56
Karamell-Cookies (Variante) 10
Kernige Dinkelplätzchen 16
Lebkuchenbissen 52
Nuss-Mix-Jumbles 46
Walnuss-Cookies 42
Zwetschgen-Krapferl 46
Rosinen-Apfel-Cookies 42
Rosmarin-Vanille-Taler 27
Rührteig
Chocolate-Chips-Cookies (Variante) 10
Crispy Cookies 13
Haselnuss-Spekulatius 56
Kaffee-Cookies (Variante) 30
Karamell-Cookies (Variante) 10
Karamellisierte Löffelbiskuit-Rondos 24
Kernige Dinkelplätzchen 16
Kokos-Cookies 12
Mandel-Grieß-Kekse 18
Mohnsnaps 14
Peanut-Butter-Cookies 10
Pumpernickel-Rondos (Variante) 24
Rosinen-Apfel-Cookies 42
Rosmarin-Vanille-Taler 27
Schwarz-Weiß-Cookies (Variante) 30
Snickerdoodles 14
Vanille-Mandel-Cookies 13
Walnuss-Cookies 42
Weiße Schoko-Mohn-Cookies 30
Zuckerrübensirupkekse 16

S
Sahne: Karamell-Mandel-Blondies 40
Schnecken, Süße 44
Schoko-Kokos-Minis 38
Schoko-Mohn-Cookies, Weiße 30
Schokolade 5
Schokolade
Brownies 50
Chocolate-Chips-Cookies (Variante) 10
Crispy Cookies 13
Geschmolzene Schokolade 7
Helle Bärentatzen 56
Karamell-Mandel-Blondies 40
Marshmallow-Bars 32
Nussknacker 28
Schoko-Kokos-Minis 38
Schokomakronen 58
Schokoraspel 7
Schokoröllchen 7
Schokospäne 7
Weiße Schoko-Mohn-Cookies 30
Schwarz-Weiß-Cookies (Variante) 30
Shortbread-Taler 32
Snickerdoodles 14
Süße Schnecken 44

T/V/W
Tee-Knusperle 27
Vanille-Mandel-Cookies 13
Vanilleschote: Rosmarin-Vanille-Taler 27
Walnüsse
Walnuss-Cookies 42
Walnuss-Dattel-Stiche 55
Weiße Schoko-Mohn-Cookies 30

Z
Zarte Butterplätzchen 58
Zarte Erdnussseufzer 21
Zimt-Pistazien-Rauten 53
Zitronat: Lebkuchenbissen 52
Zucker 5
Zuckerrübensirupkekse 16
Zwetschgen-Krapferl 46

DAS ORIGINAL MIT GARANTIE – GU

Unsere Garantie

Alle Informationen in diesem Ratgeber sind sorgfältig und gewissenhaft geprüft. Sollte dennoch einmal ein Fehler enthalten sein, schicken Sie uns das Buch mit dem entsprechenden Hinweis an unseren Leserservice zurück. Wir tauschen Ihnen den GU-Ratgeber gegen einen anderen zum gleichen oder ähnlichen Thema um.

Liebe Leserin und lieber Leser,

wir freuen uns, dass Sie sich für ein GU-Buch entschieden haben. Mit Ihrem Kauf setzen Sie auf die Qualität, Kompetenz und Aktualität unserer Ratgeber. Dafür sagen wir Danke! Wir wollen als führender Ratgeberverlag noch besser werden. Daher ist uns Ihre Meinung wichtig. Bitte senden Sie uns Ihre Anregungen, Ihre Kritik oder Ihr Lob zu unseren Büchern. Haben Sie Fragen oder benötigen Sie weiteren Rat zum Thema? Wir freuen uns auf Ihre Nachricht!

Wir sind für Sie da!
Montag – Donnerstag: 8.00 – 18.00 Uhr;
Freitag: 8.00 – 16.00 Uhr
Tel.: 0180 - 5 00 50 54*
Fax: 0180 - 5 01 20 54*
E-Mail:
leserservice@graefe-und-unzer.de

*(0,14 €/Min. aus dem dt. Festnetz/ Mobilfunkpreise maximal 0,42 €/Min.)

P.S.: Wollen Sie noch mehr Aktuelles von GU wissen, dann abonnieren Sie doch unseren kostenlosen GU-Online-Newsletter und/oder unsere kostenlosen Kundenmagazine.

GRÄFE UND UNZER VERLAG
Leserservice
Postfach 86 03 13
81630 München

Projektleitung: Tanja Dusy
Lektorat: Maryna Zimdars
Korrektorat: Mischa Gallé
Layout, Typografie und Umschlaggestaltung: independent Medien-Design, Horst Moser, München
Satz: Liebl Satz+Grafik, Emmering
Herstellung: Claudia Labahn
Reproduktion: Repro Ludwig, Zell am See
Druck: Firmengruppe APPL, aprinta druck, Wemding
Bindung: Firmengruppe APPL, sellier druck, Freising

Syndication:
www.jalag-syndication.de

ISBN 978-3-8338-0911-8

1. Auflage 2011

Umwelthinweis
Dieses Buch ist auf PEFC-zertifiziertem Papier aus nachhaltiger Waldwirtschaft gedruckt. Um Rohstoffe zu sparen, haben wir auf Folienverpackung verzichtet.

GRÄFE UND UNZER

Ein Unternehmen der
GANSKE VERLAGSGRUPPE

Die Autorin

Christina Kempe hat ihre Leidenschaft fürs Kochen und Backen bereits früh entdeckt und sie zum Beruf gemacht. Seit vielen Jahren arbeitet sie erfolgreich als freie Kochbuchautorin, lektoriert und gestaltet Bücher und macht als Foodstylistin bei namhaften Fotografen vor allem Süßes und Gebäck schick für die Kamera. Von ihr sind bereits etliche Bücher erschienen.

Das Fotostudio

EISING STUDIO · Food Photo & Video ist im Bereich Foodfotografie eines der renommiertesten Studios in Deutschland. **Martina Görlach,** mehrfach ausgezeichnete Foodfotografin, schafft über ihre Arrangements immer eine besondere Atmosphäre, die das jeweilige Gericht erst in Szene setzt. Unterstützt wurde sie von **Suse Vollmar** (Requisite) und **Christina Kempe** (Foodstyling).

Titelbildrezept

Oben links: Shortbread-Taler (S. 32); oben rechts: Haselnuss-Kaffee-Kringel (S. 28); unten links: Nuss-Mix-Jumbles (S. 46); unten rechts: Schoko-Kokos-Minis (S. 38)

Bildnachweis

Alle Fotos: Martina Görlach, München

Die Temperaturangaben bei Gasherden variieren von Hersteller zu Hersteller. Welche Stufe Ihres Herdes der jeweils angegebenen Temperatur entspricht, entnehmen Sie bitte der Gebrauchsanweisung. Bei Elektroherden können die Backzeiten je nach Herd variieren.

Plätzchen **anrichten und verschenken**

Egal, ob fixes Kleingebäck auf die eigene Kaffeetafel kommt oder verschenkt werden soll – attraktiv präsentiert machen alle Kekse doppelt so viel her.

Hochgetürmt Soll eine große Anzahl an Leuten mit Kleingebäck versorgt werden, braucht es viel »Stauraum« für eine reichhaltige Auswahl an Plätzchen. Am besten knuspriges wie auch »saftig-feuchtes« Gebäck in verschiedenen Geschmacksrichtungen und Größen in die Höhe stapeln. Legen Sie zum Beispiel zarte Erdnussseufzer, extradünne Tee-Knusperle, süße Schnecken, Cranberry-Sticks, Nussknacker und kleine Schoko-Kokos-Minis auf die einzelnen Etagen einer Etagere. Wer keine Etagere hat, baut sich einfach eine aus Tee- oder Kaffeetassen und kleinen Tellern auf.

Hübsch aufgelegt Einen herkömmlichen großen Teller, auf dem sich von Pinienkern-Biscotti bis Schokomakronen alles tummelt, kennt jeder. Aber es gibt noch andere Möglichkeiten, um Kekse zu »servieren«. Wie wäre es mal mit einem großen Holzbrett, einer flachen weiten Suppentasse, einer Eisschale aus Glas und mit hohem Fuß oder einer Schale aus Stein? Solange genügend Auflagefläche fürs Gebäck vorhanden ist, sind der Fantasie keine Grenzen gesetzt. Einfach mal schauen, was im Haus ist. Oder auf dem Flohmarkt gezielt nach neuen »Plätzchentellern« suchen.

Weich gebettet Wie im siebten Himmel kommen sich Vanille-Mandel-Cookies, Rosmarin-Vanille-Taler & Co. vor, wenn sie luftig auf Stoff arrangiert werden. Dazu am besten saubere Tücher, Servietten, Schals oder etwas anderes Gewebtes auf einer Aluschale drapieren und das Gebäck darauf anrichten.

Tief versteckt Bruchsicher und luftdicht verschlossen kann man etwa süße Schnecken oder kleine Nuss-Mix-Jumbles in runden Alu-Versandhülsen (gibt es in verschiedenen Größen) versenden. Zum Hingucker wird das Keks-Päckchen, wenn man die Hülsen mit Etiketten oder Geschenkpapier beklebt oder bemalt. Das Gebäck lässt sich bequem durch leicht abnehmbare Schraubdeckel in die langen Röhren stecken. Damit es während des Transports nicht gegeneinanderschlägt und zerbricht, am besten Pergament- oder Seidenpapier mit einfüllen.

Luftdicht eingedost Gut zu verschließende Dosen gibt es in unglaublich vielfältiger Auswahl. Hierin können Erdnussseufzer, weiße Schoko-Mohn-Cookies und vieles mehr nicht nur aromasicher aufbewahrt, sondern auch verschenkt werden. Modern: flache Aludosen mit Glasdeckel. Rustikal: Keramik- oder Holzdosen mit (Glas-)Deckel. Romantisch: nostalgische Blechdosen. Entsprechend der Dosengröße die Plätzchensorte(n) auswählen und mit Seidenpapier in den Dosen arrangieren. Die Dosen verschließen und eventuell noch eine Banderole oder eine Schleife darumwickeln.

Glasklar angeleitet Ob Kokos-Cookies oder Cranberry-Sticks – feine Plätzchen sollten samt der Backanleitung verschenkt werden, damit gleich nachproduziert werden kann. Das Rezept aufschreiben – je nach Anlass nett gestaltet – und mit einer Klammer an eine Cellophantüte mit Keksen heften. Oder in einen Briefumschlag stecken.